Das Buch stellt die überlieferten Vorstellungen von Macht, auf denen auch der heutige parteipolitische Konkurrenzkampf beruht, in Frage und versucht nachzuweisen, daß der Machterwerb, auch in den heutigen Formen der Demokratie vorherrschend, den Anforderungen der Zeit und ihren Krisen nicht mehr gerecht wird. An die Stelle des Machtprinzips müsse das Verantwortungsprinzip treten. Das ständige Streben nach Macht als Triebfeder der Demokratie lähme das Verantwortungsbewußtsein der Politiker und ihrer Wähler. Konkurrenzkampf um Macht, Irrationalität der Macht und die damit verbundenen Risiken sollen ersetzt werden durch Entscheidungen und Wahlen, die von Verantwortungsbewußtsein geprägt sind. An einem konkreten Beispiel erläutert die Autorin, eine Politikwissenschaftlerin, die nicht dem europäischen Kulturkreis entstammt, wie Demokratie nach Maßgabe des Verantwortungsprinzips funktionieren kann.

Farah Dustdar, 1948 im Iran geboren, lebt seit 1967 in Europa; sie hat die luxemburgische Staatsbürgerschaft. Sie studierte in Trier Politikwissenschaft, Soziologie und Sozialpsychologie. Sie hat mehrere Bücher veröffentlicht, u.a. »Die Frau und der Weltfrieden – Ansätze zu einer gewaltfreien Gesellschaft« (1985).

Farah Dustdar

Abschied von der Macht

Fischer Taschenbuch Verlag

Originalausgabe
Veröffentlicht im Fischer Taschenbuch Verlag GmbH,
Frankfurt am Main, Januar 1996

Gesamtherstellung: Clausen & Bosse, Leck
Printed in Germany
ISBN 3-596-12886-2

Gedruckt auf chlor- und säurefreiem Papier

Inhalt

Vorwort

Wie soll die Demokratie in einer fortschreitend dynamischen, komplexen und pluralistischen Gesellschaft aussehen? In einer Zeit der großen Veränderungen und undurchschaubar komplexen Probleme sind die Demokratien in allen Industrienationen an die Grenzen ihrer Effektivität gestoßen. Sie erweisen sich ökonomisch und technisch als leicht verletzbare Systeme.

Die historischen Umbrüche haben wiederholt die Frage der Macht und der politischen Orientierung belebt und Kontroversen ausgelöst. Dem Zusammenbruch des östlichen Sozialismus folgten schwerwiegende Bedrohungen der westlichen Systeme. Eine Reihe von internen Problemen ist zutage getreten, die zum Teil als Geburtsfehler der liberalen Gesellschaft oder als ihre Folgen zu bezeichnen sind und für deren Bewältigung die Liberaldemokratie keine Lösung parat hat. Diese Studie konzentriert sich auf diejenigen Probleme der Demokratien, die auf die Schwächen der Machtkonzeption und die Art ihrer Ausübung zurückzuführen sind. Die *Macht* als Paradigma der offenen Gesellschaft hat weiterhin autoritäre und kämpferisch aggressive Grundtendenzen zum Inhalt und macht dadurch die Demokratie unfähig, die Ideale der politischen Freiheit und Gleichheit strukturell mit Gemeinsinn und sozio-moralischen Normen zu vereinbaren. Nicht nur das angeborene ethische Defizit der Liberaldemokratie, sondern auch das Konkurrenzmodell der Macht gefährdet die offene Gesellschaft. Eine modifizierte Machtkonzeption und ein Paradigmenwechsel – von der Macht zur Verantwortung sowie entsprechende Strukturänderungen – können der freiheitlichen Ordnung neue Chancen bieten.

Zu danken habe ich vor allem Professor Dr. Eckhard Jesse und Dr. Uwe Backes, die mir durch ihre kritischen Einwände wertvolle Anregungen gaben. Ulrich Golmer und Peter Spiegel danke ich für die inhaltlichen Hinweise, und für die Korrekturarbeiten habe ich meinen Freunden Margaret Beneke, Anita und Bob Bontemps und Paul Krump zu danken. Herr Willi Köhler hat diesem Buch den letzten »Schliff« gegeben. Ihm gebührt daher mein besonders herzlicher Dank. Mein Dank gilt auch nicht zuletzt meinem Mann, der mich ständig unterstützt hat.

Farah Dustdar

I. Einleitung: Das Problem der Demokratie heute

Die Bereitschaft zur Demokratie nimmt nach dem Ende des Ost-West-Konfliktes weltweit zu, und die Zahl der Staaten, die demokratische Regierungsformen zu praktizieren suchen, steigt seit Beginn der 90er Jahre wie nie zuvor. Bei den westlichen Industrienationen gibt es nach wie vor eine hohe Akzeptanz des politischen Systems und der Demokratie. Dennoch liegt eine besorgniserregende Diagnose vor: Meinungsforscher schlagen Alarm. Die politische Orientierungskrise macht sich in allen Industrienationen bemerkbar. In Zeiten, in denen es kaum ein Wachstum zu verteilen gibt, drohen Gewaltausbrüche und Aggressionen. Mangelnder Gemeinsinn, Politikmüdigkeit, Wahlverweigerung, abnehmende Bindekraft der Parteien und Verbände machen Schlagzeilen; sie sind zugleich die Anzeichen eines Umbruchs. Die Demokratie steht vor einer neuen Bewährungsprobe.

Die unzufriedenen Wähler stellen eine Diskrepanz zwischen Anspruch und Leistungsfähigkeit der politischen Parteien fest. Die Politiker ihrerseits beklagen sich über mangelndes Verständnis und fehlende Zusammenarbeit seitens der Bürger und über deren hohe Ansprüche an die politische Klasse, von der immer umfassendere Lösungen für die zunehmend schwierigen Probleme der Welt verlangt werden. Den Politikern wird vorgeworfen, ihre Wahlversprechen nicht zu erfüllen. Die ungelösten Probleme der Innen- und Außenpolitik und der Mangel an klaren Antworten und Konzepten lösen bei den Wohlstandsbürgern Unmut aus und steigern soziale Ängste. Hinzu kommen zahlreiche Affären und vermeintliche oder tatsächliche Skandale, die das Mißtrauen der Bürger gegenüber den Volksvertretern schüren. Die Politiker und politische Parteien befinden sich in einer tiefen Vertrauenskrise. Während die Demokratie weiterhin von der Bevölkerung positiv bewertet wird, werden die Wahlergebnisse unvorhersehbar. Bisherige Randgruppen drängen in die Reservoirs der großen Parteien und finden dort Beifall bei den Bürgern, die den etablierten Parteien einen Denkzettel verpassen wollen.

Die Unzufriedenen sind nicht nur die von sozialem Abstieg und Arbeitslosigkeit Bedrohten. Eine steigende Zahl der gutsituierten Bürger demonstriert eine Art saturierte Politikferne und Ohne-mich-Haltung, obwohl sie sich nach Meinungsumfragen mehr als zuvor für die Politik interessiert. Naive Beobachter sprechen von Weimarer Verhältnissen. Davon kann überhaupt keine Rede sein. Nicht die bedrohte Legitimität der Demokratie ist eine Gefahr für ihre Stabilität, sondern die mangelnde *Effektivität* und *Flexibilität* der entscheidungsbildenden Prozesse.

Die zögerliche Haltung der politischen Institutionen bei der Bewältigung der Probleme führt zu Unzufriedenheit der Bürger, und der dadurch erzeugte Ärger spiegelt sich in Wahlergebnissen wider. Die Protestwahlen und die Angst vor instabilen Mehrheitsverhältnissen führen zu steigenden Zukunftsängsten der politischen Parteien und verhindern, daß sie sich intensiv mit tatsächlichen Problemen beschäftigen. Die Effektivität des Systems wird so wiederum reduziert, und damit entsteht ein Teufelskreis gegenseitiger Erwartungen und Enttäuschungen. Solange die Politik in diesen Bahnen kreist, wird kein Fortschritt möglich sein.

Eine Reihe von Analytikern und Experten beschäftigt sich vor allem mit der Beschreibung der gegenwärtigen Lage und den eventuellen Reformen. Parallel zu kleinen Reformen ist eine gründliche Auseinandersetzung mit der Vorstellung vom *Konkurrenzkampf um Macht* als Grundkategorie aller demokratischen Regierungsformen und ihrer Unvereinbarkeit mit sozio-moralischen Forderungen einer hochtechnisierten Gesellschaft dringend erforderlich. Die vorliegende Studie ist ein Versuch, Wege aus dem Teufelskreis des Politikfrusts aufzuzeigen und durch eine Diskussion über die Umwandlung der tradierten Funktionen der *Macht* die Haltbarkeit der kausalen Machttheorie, d. h. die eigennützige Machtsteigerung und Beeinflussung der Bürger als Voraussetzung jeder politischen Aktivität, in Frage zu stellen und die *Verantwortung* als Grundkategorie und Strukturelement der Demokratie in das politische System zu integrieren. Verantwortung ist nicht nur im Sinne einer Elitenfunktion gemeint, sondern auch als Voraussetzung jeder individuellen

Handlungsorientierung und Bedingung für politische Aktivität. Nicht der *Zwang zum Kampf ums Dasein*, sondern die *Verantwortung für den Schutz des Daseins*, der Pluralität, der persönlichen Freiheit und des Gemeinwohls sollte primäres Ziel der Demokraten werden.

Die Macht erfüllte im Laufe der sozialen Entwicklung eine ordnungsstiftende und entscheidungstreffende Funktion. Schon in den Urgesellschaften konnten durch die personifizierte *Macht* des Herrschers und die Anerkennung der *Macht* und des *Rechts* als komplementäre Begriffe die soziale Sicherheit und Gerechtigkeit garantiert werden. Allen Machttheorien – von Thomas Hobbes bis Max Weber – liegt die Annahme der Kausalität zugrunde.[1] Nach Hobbes ist die Macht eine Ursache und die politische Handlung ihre Wirkung.[2] Max Weber bezeichnet die Macht als eine Chance, sich in einer sozialen Beziehung durchzusetzen, ungeachtet des Widerstandes der anderen. Daher wird die Macht des Politikers als ausschlaggebende Voraussetzung für politisches Geschehen begriffen.

Ein erheblicher Teil der politischen Theorie beschäftigt sich mit Maßnahmen, welche die *Folgeprobleme* der kausalen Machttheorie zu lösen oder abzuschwächen versuchen. Die Erfindung bestimmter Mechanismen – wie der Gewaltenteilung, der Machtstreuung, der Machtkontrolle und der Machtkonkurrenz – hat der menschlichen Neigung zum Machtmißbrauch Schranken gesetzt. Die Einschränkung der Macht und der Übergang von autokratischen Systemen zu konstitutionellen Herrschaftsformen änderten jedoch nicht die Grundposition der kausalen Machttheorie, »so blieb die ›Macht‹ bis heute auch in der internationalen Politikwissenschaft eine der wichtigsten Grundkategorien der Politik«.[3]

Die ständige Konzentration der Politiker und der politischen Parteien auf eigenen Machterwerb und Machterhalt in den konfrontativen Modellen der Demokratie schränkt die Handlungsfähigkeit der Regierung ein. Die politischen Sachverhalte werden oft verzerrt

1 Vgl. Herbert A. Simon, 1957, S. 5. Dazu noch: Niklas Luhmann, 1962, S. 149.

2 Vgl. Thomas Hobbes, English Works, Elements of Philosophy, London 1966, Bd. I, S. 127: »Of power and act: Correspondent to cause and effect, are power and act; nay, those and these are the same things.«

3 Ulrich von Alemann, 1991, S. 491. Dazu noch in: Ulrich von Alemann/Erhard Forndran, 1979, S. 32.

und Opfer der parteipolitischen Machtkämpfe, werden dadurch also nicht langfristig und realistisch entschieden bzw. durchgesetzt. Die demokratische Assoziation, d. h. das Verhältnis der Bürger zu den demokratischen Institutionen, wird durch die machtmotivierte und manipulative Haltung der Politiker und durch die Anhäufung der politischen Skandale und Korruptionsfälle negativ gefärbt. Diese Kluft zwischen dem Staat und seinen Bürgern dürfte langfristig zu unvorhersehbaren Entwicklungen führen.

Die Rationalität der Macht in den liberalen Demokratien funktionierte, als die Systeme einfach und überschaubar waren. Die Technisierung und Spezialisierung, die Fragmentierung der Probleme und das enorme Tempo der geschichtlichen Ereignisse mit ihren überwältigenden Änderungen stellen die Rationalität der kausalen Machttheorie und bedenkenlose Verfolgung des Eigeninteresses in Frage. Die Errungenschaften der modernen Technik führten uns zu einer »anderen Moderne« oder einer »Risikogesellschaft«[4], in der alles menschliche Tun und Können eine neue Dimension erhalten hat. Damit der veränderte Charakter der menschlichen Handlungen nicht in Bedrohung umschlägt, plädiert Hans Jonas für eine neue Ethik der Verantwortung. Eine Verantwortungsethik, die sich nicht nur auf eigenes Verhalten und seine Folgen bezieht, sondern primär auf die Sache.[5]

Dieses *Verantwortlichsein für die Sache*, oder die moralische Forderung von Hans Jonas, kann in der politischen Praxis dann wirksam werden, wenn die Macht des Politikers von seiner Person abgelenkt und primär auf die Sache, d. h. die politischen Sachentscheidungen ausgerichtet wird. Den politischen Akteuren muß die Möglichkeit gegeben werden, auf unmittelbare Lustbefriedigung zu verzichten und vorausschauend und planend kurzfristige Wünsche langfristigen Zielsetzungen unterzuordnen. Die Manipulation und die populistischen Sprüche hindern die Wähler daran, sich frei und sachgerecht für eine Alternative zu entscheiden. Der Schwerpunkt der Politik darf deshalb nicht mehr die Konkurrenz der Machttechniken sein, sondern die Konkurrenz der intelligentesten Problemlösungen. Um diese Voraussetzungen zu erfüllen, braucht die Demo-

4 Vgl. Ulrich Beck, 1986.
5 Hans Jonas, 1985, S. 174.

kratie eine neue Theorie der politischen Verantwortung, welche die kausale Machttheorie falsifiziert und sich zur Voraussetzung jeder politischen Aktivität entwickelt. Wir befinden uns heute in einer Lage, in der nur die Verantwortung als Handlungsmaxime den Teufelskreis von Frust und Ratlosigkeit durchbrechen kann.

Die Verantwortung ist bislang als ein normativer Begriff in der politischen Theorie verstanden worden. Max Weber unterschied zwischen Gesinnungsethik, die er in der liberalen Demokratie eher ablehnte, und Verantwortungsethik, die er für die politischen Zwecke eher brauchbar fand: Der Politiker muß die Folgen seines Tuns verantworten. Die Voraussetzung für das verantwortungsbewußte Handeln ist die *Macht* des Politikers. Die Folge der Verantwortungslosigkeit wird dann der Machtverlust sein. Die Verantwortung ist in dem heutigen System dem Willen des Handelnden überlassen. Die Sanktionen dienen zur Wiederherstellung der »gestörten moralischen Ordnung« (Hans Jonas). Der Chirurg wird wegen seiner mißlungenen Operation bestraft, der gestorbene Patient jedoch dadurch nicht wieder lebendig. Die vorliegende Studie versteht die Verantwortung nicht nur als eine normative Vorstellung, sondern vielmehr auch als einen empirischen Begriff. Sie muß als ein Strukturelement und als Voraussetzung des politischen Handelns in das demokratische System integriert werden. Die staatlichen Maßnahmen und die politischen Entscheidungen können dann mittels kooperativer, koordinierender und integrativer Strukturen durch kompetente und verantwortungsbewußte Akteure getroffen werden. Das Ausmaß der *staatlichen Autorität* und die *Handlungsfähigkeit* der Regierung wird von der Qualität der Entscheidungen abhängen.

Ein historischer Überblick zu Beginn der Arbeit soll vor allem das Verständnis für die Funktion der Macht und ihre sich wandelnde Bedeutung im Laufe der Geschichte – besonders für die Leser, die sich in der politischen Theorie nicht auskennen – wecken. Ferner werden die Perspektiven der Demokratie, das sich wandelnde Menschenbild und die Zwänge der Berufspolitiker und ihre eingeengten theoretischen Handlungsrahmen geschildert, mit der Absicht, den aktuellen Problemen der Demokratie aus der Perspektive der politischen Theorie nachzugehen und das Verständnis der Bürger für die *Komplexität* der *demokratischen Regierungsform*, ihre *Prozeßhaf-*

tigkeit und *Gefährdungen* zu wecken. Viele offene Fragen werden mit einem Blick auf die Entwicklung der Demokratietheorie und ihre begrenzten Handlungsmöglichkeiten leichter erklärbar.

Was hindert gegenwärtig die Politiker, klare Konzepte zu entwerfen und effektivere Maßnahmen zu treffen? Was sind die tatsächlichen Gründe, daß ein Teil der politischen Klasse zu »Cliquen und Klüngeln«[6] Zuflucht genommen hat? Sind die materialistischen Motive und Spielregeln des Liberalismus in einer total veränderten Welt weiterhin haltbar – oder sind sie revisionsbedürftig? Sind die Inhalte der Demokratie und des Liberalismus absolute Ideen und unveränderbare Dogmen, oder ist ihr Gedankengut den politischen, sozialen und geistigen Umwandlungen unterworfen und dadurch erweiterungsfähig und ergänzbar?

Auf der Suche nach Antworten soll deutlich werden, daß nicht allein die Politiker und politischen Parteien an den Mißständen der Demokratie Schuld tragen. Die Berufspolitiker und die politischen Parteien haben sich so entfaltet, wie Liberalismus und Pluralismus es ihnen vorgeschrieben haben. Diese Strukturen haben die europäischen Nachkriegsruinen wiederaufgebaut und den Bürgern Wohlstand und Freiheit beschert. Heute leben wir in anderen Zeiten und anderen Verhältnissen. Die Demokratie steht als ein permanenter und zukunftsoffener Prozeß wiederum vor neuen Herausforderungen.

Wer die Wahrheitsgehalte sozialwissenschaftlicher Theorien überprüfen will, läßt sich auf einen komplizierten Vorgang ein. Deshalb werden die Theorien anhand von Modellen – als vereinfachtes Abbild der Wirklichkeit oder eines Ausschnitts dieser Wirklichkeit – auf verschiedene Weise dargestellt.[7] Die Theorie der politischen Verantwortung braucht nicht aufgrund eines fiktiven Modells konzipiert zu werden.

Der Paradigmenwechsel von Macht zu Verantwortung basiert auf der Übertragung einer der Grundkategorien der Verwaltungsordnung der Baha'i-Gemeinschaft[8] in die politische Theorie. Die eigennützige Macht wird in diesem Verwaltungsmodell kategorisch

6 Vgl. Erwin K. und Ute Scheuch, 1993.
7 Vgl. Wolfgang Eichhorn, 1971, S. 61.
8 J.E. Esslemont, 1986; Udo Schaefer 1981.

abgelehnt; das Streben nach Machtgenuß und manipulative Methoden sind verpönt. Die gewählten Volksvertreter bilden keine Elite, sie sind nur für die Erfüllung bestimmter Aufgaben verantwortlich.

Anschließend wird perspektivisch auf einige Schritte hingewiesen. Das Ziel dieser Studie besteht nicht darin, ein neues Demokratiemodell zu entwerfen, vielmehr geht es darum, die Gedanken in Richtung einer Alternative zur *Machttheorie* auszurichten und einen Bewußtseinswandel herbeizuführen. Die Irrationalität der Macht und die damit verbundenen Risikofaktoren können durch ein verantwortungsbewußtes Wahl- und Entscheidungsschema ersetzt werden. Dieses Schema soll unter den Bedingungen der Komplexität, Ungewißheit und Unvorhersehbarkeit der heutigen Ereignisse zu einer Erhöhung der staatlichen Steuerungspotentiale, zur gegenseitigen Anerkennung der sozialen Gruppen und zu ihrem friedlichen Zusammenleben beitragen. Der Entwurf dieser Theorie ist ein erster gedanklicher Versuch und ist weit von wissenschaftlicher Genauigkeit entfernt. Wenn sie das intellektuelle Denken anregt, dann hat sie ihr Ziel erreicht.

II. Die Funktion der Macht in Geschichte und Gegenwart

Das Organisieren von Macht und Herrschaft und ihre Legitimierung stellen die zentralen Themen der politischen Geschichte dar. Die ersten lebhaften Auseinandersetzungen mit der Frage der Macht und den besten Herrschaftsformen stammen aus dem antiken Griechenland. Die zwei philosophischen Schulen dieser Epoche entwickelten unterschiedliche Grundpositionen über den Machtfaktor und haben versucht, die praktische Politik damit zu erklären oder zu beeinflussen. Im Mittelalter waren die Macht- und Herrschaftsstrukturen überwiegend von der christlichen Einstellung bestimmt. Der unaufhaltsame Wunsch nach Handlungsfreiheit und Selbsterhaltung der Individuen und sozialen Gruppen führte in der Neuzeit zu den Ideen der Zähmung, Teilung und Kontrolle der Macht und zur Bändigung der tyrannischen Herrschaft. Die durch Freiheitskämpfe entstandenen Ideologien formulierten später die eigenen Auffassungen über Macht und legitime Herrschaft.

Mit der Entwicklung der demokratischen Verfassungsstaaten wurden der allgemeine Konkurrenzkampf um Macht und die Entstehung des Berufspolitikertums erst möglich. Die Kriterien der Berufspolitiker, ihr Zwang zum Machterwerb und zur Beeinflussung der Wähler, die Unerläßlichkeit der Freund-Feind-Unterscheidung, der Druck der Machtsteigerung bei politischen Parteien und daraus entstehende Probleme sind die weiteren Themen, die in diesem Kapitel behandelt werden. Angesichts der Orientierungslosigkeit, die in allen westlichen Demokratien zu beobachten ist, stellt sich die Frage, ob die Struktur der gegenwärtigen Demokratien für die Bewältigung der komplexen, global abhängigen und unvorhersehbaren Probleme tragfähig ist. Das vorherrschende Verständnis des Konkurrenzkampfes um Macht scheint angesichts der neuen Herausforderungen und der gewandelten sozialen Verhältnisse irrational und kontraproduktiv zu sein. Deshalb müssen die traditionelle Auffassung der Macht und die Art ihrer Ausübung in der Demokratie revidiert und ergänzt werden.

1. Die politische Konstitution der Gesellschaft

Am Anfang der griechischen Philosophie, im Grenzbereich zwischen Poesie und Philosophie, berichtet der Epiker Hesiod in seiner Theogonie über die Urwesen *Chaos* und die weltschöpferische Potenz *Eros*. Hesiods Gedicht über die Entstehung der Götter gewährt dem Leser einen tiefen Einblick in die Funktion der Macht innerhalb der menschlichen Gesellschaft. »Wahrlich, zuallererst entstand Chaos«, berichtet Hesiod.[1] Dann gebar das Chaos Gaia, die Erde. Aus ihrer Vereinigung entstand Uranos, der Himmel, der mit der Erde die zwölf Titanen zeugte. In der klassischen Schlacht zwischen Zeus und den Titanen gelang es Zeus, die Macht zu personifizieren und damit das sinnlose Chaos einzudämmen. Er schuf eine Antithese zur ursprünglichen Anarchie und stellte damit Ruhe und Ordnung her. Seither wird die Macht – obwohl manchmal roh und furchterregend – als Hüterin der Ordnung legitimiert und geehrt.

Die politische Geschichte beginnt mit der Institutionalisierung möglicher Einflußnahme. Der Übergang von archaischen Dorfkulturen zu staatlich organisierten Hochkulturen wurde durch den Transfer des Vaterprinzips der Familie auf das Herrschaftsprinzip erreicht. Diese Organisation erlaubte eine gewisse Leistungssteigerung, welche die Probleme der Erhaltung eines komplizierter gewordenen Gesellschaftssystems leichter meistern konnte. Die archaische Ordnung und ihr Rechtssystem beruhten auf Regeln der Vergeltung und Schadensabwehr, wobei das Rechtssystem der Hochkulturen auf Strafe und Abschreckung gegründet war. Diese an legitimierte Herrschaft gebundene moralische Gerechtigkeitsvorstellung der Hochkulturen trug die Lösung von sozialen Konflikten auf einer höheren Ebene aus. Der Herrscher symbolisierte die moralische und politische Ordnung der Gesellschaft. Die Gel-

1 Hesiod, 1970, S. 33.

tung von Normen wurde unmittelbar mit seiner Person verknüpft. Er war nicht nur Repräsentant religiöser Mächte, sondern auch der »Richter« selbst.[2]

Die Entwicklung der politischen Institutionen ist im Laufe ihrer Geschichte durch das Zusammenwirken von zwei Urgedanken vorangetrieben worden, deren einer sich mit dem Ist-Zustand des politischen Systems, seiner Aufrechterhaltung und den Grundfragen der sozialen Kohäsion und sozialen Ordnung beschäftigte. Dabei stand der *Machtfaktor* als eine anthropologische Grundgegebenheit im Mittelpunkt der Politik. Der zweite Urgedanke befaßte sich mit dem Soll-Zustand des politischen Systems. Hier bemühte sich der Theoretiker ständig um vollkommenere Staatsentwürfe, und zwar in dem Bewußtsein, daß die greifbaren Wirkungen der neuen Gedanken nicht in der unmittelbaren Umwelt und im Kreis der Zeitgenossen liegen. Das Zusammenspiel dieser Urgedanken beobachten wir schon in der Antike bei Platon und bei dem griechischen Geschichtsschreiber Thukydides im 5. Jahrhundert vor Christus. Herfried Münkler stellt den Kontrast der zwei Auffassungen in seinem Buch *Im Namen des Staates*[3] ausführlich dar.

Platon und Thukydides lebten etwa zur gleichen Zeit und beobachteten eine tiefe politische und sittliche Krise der griechischen Polis. Der erste taucht als Diagnostiker, der zweite hingegen als Therapeut in der Geschichte der politischen Ideen auf. Orientiert an der antimetaphysischen Tradition der Sophisten – die antiken Philosophen, die das Recht und die Sittlichkeit statt aus der Tradition aus dem eigenen Denken ableiteten –, unterscheidet Thukydides zwischen Macht und Ethik oder zwischen der Natur und der menschlichen Satzung. In seiner Geschichtsschreibung deutet er auf die Tatsache hin, daß der Mensch seine Lebensenergie und seine ethischen und sozialen Zielsetzungen nur vom Willen zur Macht herleiten kann. Politisches Handeln soll sich an Klugheitsregeln orientieren, welche die Selbsterhaltung des Handelnden sichern.

Thukydides' pragmatisch-rationales Politikverständnis beein-

2 Vgl. Richard Thurnwald, 1935, IV. Kapitel. Dazu noch: Klaus Eder, 1976, S. 68.
3 Herfried Münkler, 1987, S. 28.

flußte während vieler Jahrhunderte zahllose politische Denker. Er setzte sich mit dem Wechselspiel der Macht auseinander und schuf ein Modell historisch-politischer Analysen, in dessen Zentrum das Problem der Macht stand. Er würdigte die Leistungen von Archelaos, der sich über die Leichen seiner Verwandten den Weg zum Thron gebahnt hatte. Laut Thukydides hatte Archelaos mehr für das Reich Makedonien getan als alle Könige vor ihm. Er baute Straßen und Kanäle und sorgte für soziale Ordnung, Wohlstand und Sicherheit der Bevölkerung. Ausschlaggebend für diese Leistungen war der *Erfolg* des Herrschers über seine Feinde. Was zählte, waren die Ergebnisse des politischen Handelns und nicht die *Mittel*, die zum Erfolg führten.

Platon stellte aber diese erfolgreichen *Machtmittel*, die zu seelischen Beschädigungen und moralischen Deformationen führten, in Frage. Aus seiner Sicht war das Organisieren der Herrschaft eine bedeutende Aufgabe. Ihre Gründung beruhe auf einer vorgegebenen Ungleichheit in der menschlichen Gesellschaft, die aus der Natur der Dinge hervorgehe. Der hierarchische Charakter des Seins mache die Notwendigkeit von Herrschenden und Beherrschten sowie der freien Bürger und der Sklaven deutlich. Macht und Vernunft sind in der platonischen Schule zwei verschiedene Größen, die nicht miteinander zu vereinbaren sind. Da die Herrschaft von Vernunft geleitet wird und Machtstreben durch Unvernunft charakterisiert ist, soll die Ausübung der Herrschaft nicht in der Kategorie des Machtstrebens begriffen werden. Macht- und Luststreben sind die tierischen Leidenschaften, die in Platons metaphysisch ethischer Rangordnung dem Typus des Tyrannen, des Demagogen und des Sophisten zuzuweisen sind.

Zweifellos beeinflußte das platonische Paradigma der »normativen Staatsentwürfe« die politische Ideengeschichte vieler Jahrhunderte. In der damaligen Krisenzeit der griechischen Polis erschienen jedoch Platons Ideen als realitätsfern. Thukydides' Machtraison hingegen versuchte in dieser Periode die politische Wirklichkeit zu erfassen. Er zeigte Verständnis für den permanenten Zwang zum Einsatz der *Machtmittel*. Gleichzeitig gab er aber zu, daß die so errungenen Erfolge das Ethos der Selbstbeherrschung und Selbstbescheidung zerstören werden.

Platon sieht die Aufgabe der Politik darin, die Bürger gut und weise zu machen.[4] Er weigert sich, die Tatsache der Freund-Feind-Unterscheidung als Zentralanliegen des politischen Handelns in einer brutalen Umwelt anzunehmen. Thukydides weiß aber, daß die Freiheit des Handelns in komplizierten politischen Konflikten oft eine Illusion Außenstehender ist.

Nach Aristoteles muß das Bild des besten Staates empirische Grundlagen haben und darf nicht wie bei Platon abstrakt-philosophisch aufgefaßt werden. Die hierarchische Ordnung der Gesellschaft und die Trennung zwischen Ethik und Trieb sowie zwischen Vernunft und Macht dienen auch bei ihm zur Legitimierung der Herrschaft. Aristoteles bemüht sich um die beste Verfassung der Staaten, obwohl seine Vorstellungen oft ein Wunschdenken sind und nicht immer die Realität der damaligen Gesellschaft reflektieren.

Die christlichen Vorstellungen von der Macht und Herrschaft waren stärker von Aristoteles beeinflußt. Die Christen verurteilten das nackte Machtstreben der Sophisten der Antike genauso wie die heidnische Machtlust, die bei den römischen Aristokraten als Suche nach Ehre und Ruhm einen hohen ethischen Stellenwert besaß. Ruhmsucht war aus der Sicht der Christen keine Tugend, weil diese ein permanentes Bündnis mit der List und Habgier eingehen mußte. Nach Worten von Augustinus war der Glanz der Macht auf rein irdische Ambitionen und folglich auf die Sünde gebaut. Der wahre Christ unterscheidet sich dadurch von den Heiden, daß er seine persönliche Ehre der Ehre Gottes unterordnet. Macht und Herrschaft ergeben dann einen ganz anderen Sinn. Die christlichen Herrscher üben Macht nicht aus eigennütziger Ruhmsucht, sondern aus fürsorglicher Verpflichtung aus.

Mit dieser Interpretation wurde theoretisch und philosophisch der sophistische und der heidnische Machtbegriff, d. h. Macht als ein anthropologisch verankertes Handlungsmotiv, außer Kraft gesetzt. In der politischen Realität blieben nach wie vor die Machtregeln Thukydides' wirksam, während sie nicht aus dem Eigenwillen der Herrschenden, sondern von Gott abgeleitet wurden. Der Herrscher galt als legitimer Interpret des Willens Gottes. Die wesensmäßige Verknüpfung von Allmacht mit Gerechtigkeit und Güte war

4 Plato, Platos Staat, 1907.

ein theologisch normativer Glaubenssatz ohne Beweis und oft ohne Realitätsbezug. Die menschlichen Schwächen und die Fehlerhaftigkeit der herrschenden Klassen, die oft bösartig mit den Untertanen umgingen, wurden im späten Mittelalter Auslöser einer Kontroverse über Sinn und Grenzen weltlicher souveräner Herrschaft.

Durch die Reformation verlor allmählich der weltlich-geistliche Einheitsstaat in Europa seinen Glanz. Die Entartung der römischen Kirche, die verzweifelte Desorientierung der Menschen, der Autoritätsverlust der staatlichen Einrichtungen und die Dekadenz des Militärs sind Merkmale, die das Spätmittelalter charakterisieren. Machiavelli (1469–1527), der italienische Diplomat und politische Schriftsteller, beobachtete die blutigen Auseinandersetzungen und Bürgerkriege dieser Epoche und behauptete, die Herstellung der Ordnung sei die erstrangige Aufgabe der Herrschenden. Politik ist aus der Sicht Machiavellis absoluter »Kampf«. Regeln des politischen Handelns aufzustellen hat dann einen Sinn, wenn man alle »Mittel« gelten läßt. »Alles andere ist Utopie, Erdichtung eines Staates, in dem es anders zugeht als in den wirklichen Staaten.«[5]

Machiavelli verbindet die Idee des nationalen Machtstaates mit der Lehre vom Primat der Politik. Erst der bewaffnete Arm des Staates ermögliche Ruhe und soziale Ordnung. Dafür sei die absolute Macht des Herrschers maßgebend. Lüge bleibt Lüge, und Mord bleibt Mord, betont Machiavelli, »aber wenn man die politische Wirklichkeit als eine Summe typischer Situationen auffaßt und sie unter die Frage stellt, wie man sich in diesen mit Erfolg behaupten kann, gibt es keine Substanz, sondern nur Funktionswerte, gibt es nicht Gut und Böse, sondern nur taugliche und untaugliche Mittel«.[6] Die Macht rückt in dieser Epoche wieder als eine immanente Grundgegebenheit des menschlichen Lebens in den Mittelpunkt der politisch-philosophischen Reflexionen.

Mit dem 16. Jahrhundert beginnt in Europa die Ära der souveränen Territorialstaaten. Eine Völkerrechtsgemeinschaft gibt es noch nicht, welche die Interessen der Einzelstaaten reguliert; daher herrschen nackter Überlebenskampf und das *Recht der Stärkeren*. Den Gedanken, daß die Individuen wie auch die politischen Ge-

5 Hans Freyer, Einführung, in: Niccolo Machiavelli, 1961, S. 15.
6 Ebd., S. 16.

meinschaften in einem permanenten Machtkampf zueinander stehen, bereitete Machiavelli theoretisch vor. Thomas Hobbes (1588–1679), englischer Philosoph und bedeutendster Theoretiker des Absolutismus, entwickelt den Gedanken des Kampfes um Interessen zum tragenden Fundament einer vertragstheoretischen Begründung des Machtstaates. Er befürwortet die Monopolisierung politischer Macht zum Zwecke des sozialen Friedens. Nur der souveräne Staat sei in der Lage, die rechte Ordnung des menschlichen Zusammenlebens zu bewahren und dem Krieg aller gegen alle ein Ende zu setzen. Damit der Staat seine höchste Bestimmung, die Herstellung der inneren Ordnung und äußeren Sicherheit, erfüllen kann, muß er seine souveräne Gewalt bewahren. »Die Teilung des Willens des Souveräns schwächt die Macht des Staates.«[7]

Hobbes geht von einem Naturzustand der Gesellschaft aus, in dem Chaos und Anarchie herrschen und allein das Recht der Stärkeren entscheidet. »Ferner empfinden die Menschen am Zusammenleben kein Vergnügen, sondern im Gegenteil großen Verdruß, wenn es keine Macht gibt, die dazu in der Lage ist, sie alle einzuschüchtern.«[8] Ständige Angst und Unsicherheit zwingen die Menschen, sich zusammenzuschließen, um durch einen Gesellschaftsvertrag in Frieden und Harmonie zu leben. Durch diese Übereinkunft verlieren die Bürger jedoch ihre individuelle Freiheit. Der Regierung kommt dann absolute Befehlsgewalt und Macht über die Bürger zu.

So schuf Thomas Hobbes den Leviathan, den sterblichen Gott, dem die Menschen ihr Leben, ihre Sicherheit und ihre Wohlfahrt verdanken. Im Naturzustand sind Recht und Macht synonym. Nach Thomas Hobbes ist nur das Recht, was der Souverän erlaubt. Hobbes' Ziel ist es nicht, eine ewige Gerechtigkeit zu entwerfen, »sondern eine wirkliche Ordnung auf Erden zu schaffen – eine Ordnung, die gilt, beachtet wird, Respekt einflößt und so das Chaos des Krieges aller gegen alle bändigt«.[9] So wird der aggressive Mensch – *homo homini lupus* – mit all seinen wilden Leidenschaften und bestialischen Trieben im Zaum gehalten und werden

7 Theodor Schwarz, 1940, S. 47.
8 Thomas Hobbes, 1984, S. 95.
9 Hans Maier, 1968, Bd. I, S. 364.

seinem unbeherrschbaren Ausdehnungsdrang und der blutigen Kampfessucht Grenzen gesetzt.

Hobbes brachte die Säkularisierung des theologischen Gedankenguts und die neuzeitliche Auffassung von der politischen Souveränität einen wichtigen Schritt voran. Das Streben nach Selbsterhaltung und Selbstbewegung müsse zum Grundmotiv des Denkens werden. Dem Willen zur Macht wohne die Selbsterhaltung inne. Sie suche ständig nach neuen Erhaltungsräumen und verfalle dabei in neue Kämpfe und Kriege. In Hobbes' System konnten jedoch den bestialischen Trieben und dem unbeherrschbaren Ausdehnungsdrang eines absolutistischen Herrschers keine Grenzen gesetzt werden. Hobbes geht ein historisches Risiko ein, indem er dem omnipotenten Herrscher vollkommene Handlungsfreiheit verleiht. Erst die blutige Geschichte des Absolutismus in Europa hat das Ausmaß dieses Risikos in das Bewußtsein der Denker gebracht.

Wie konnte der Bürger in einem absolutistischen System vor der Willkür eines launischen Herrschers geschützt werden? Inwieweit ließen sich die Könige zwingen, dem Wohle des Volkes – und nicht dem eigenen großen Ruhm – zu dienen? Auf diese Fragen gibt Hobbes keine Antwort.

2. Die Teilung der Macht

»Wer nämlich glaubt, absolute Gewalt reinige der Menschen Blut und ändere etwas an der Niedrigkeit der menschlichen Natur, der braucht nur in der Geschichte des jetzigen oder irgendeines anderen Zeitalters nachzulesen, um von dem Gegenteil überzeugt zu werden.«[10] Wie soll man sicher sein, daß der absolute Monarch nicht unter der gleichen Krankheit leidet, der auch die Untertanen verhaftet sind, nämlich der Machtgier, Selbstherrlichkeit und Gewalt? Um diese Fragen zu beantworten, führte John Locke (1632–1704), englischer Philosoph im 17. Jahrhundert, einen historischen Wandel der Legitimitätsvorstellungen herbei. Er war im Gegensatz zu Hobbes nicht der Auffassung, daß die Existenz eines legitimen Mon-

10 John Locke, 1974, S. 69.

archen die unheilvollen Instinkte der menschlichen Natur überwinden könne.

Locke revolutioniert das Prinzip und die Quelle der Legitimität. Die königliche Macht, die keine göttliche mehr, sondern rein menschlich politische Macht ist, müsse geteilt und kontrolliert werden. Locke entwickelt die Idee der Gewaltenteilung. Die einzig souveräne Gewalt, oberste politische Instanz, ist die Legislative, das Parlament – ein Organ, das aus dem Zusammenschluß der einzelnen entsteht. Die Ausführung der von der Legislative verkündeten Gesetze wird der ihr unterstehenden Exekutive überlassen. Jede Gruppe kontrolliert die Gefahr des Machtmißbrauchs der anderen Gruppe. Der souveräne König gehört zur Legislative, und die Gesetze werden nach seiner Zustimmung in Kraft treten *(The King in Parliament)*. Er ist aber nicht mehr absolut und Repräsentant Gottes.

Die Exekutive hat die Vollmacht, die Legislative einzuberufen. Wenn sie aber ihre Vollmacht mißbraucht, hat das Volk das Recht, die exekutive Gewalt zu beseitigen. Locke weist auf eine dritte, eine föderative, Gewalt hin, die über Außenpolitik, Krieg und Frieden sowie Bündnisse entscheide. Es sei zweckmäßiger, wenn diese föderative Gewalt in der Hand der Exekutive bleibe. Dadurch entstehe ein System der Gewichte und Gegengewichte. Diese unterschiedlichen Gewalten sollen sich gegenseitig in der Machtausübung hemmen, damit keine für die Interessen des einzelnen gefährliche Machtkonzentration entstehen kann.

Das Majoritätsprinzip war schon lange vor Locke bekannt. Die bekannteste Formulierung stammt aber von Locke. Die Bedeutung des Mehrheitsprinzips in dieser Periode darf jedoch nicht überschätzt werden, da die Legislative nur aus Vertretern des Besitzbürgertums und des verbürgerlichten Landadels bestand. Das Steuerbewilligungsrecht liegt bei der Legislative. Diese hindert die Exekutive daran, eine aufwendige Politik zu betreiben. In Lockes System hat die Krone noch eine starke Machtstellung; verglichen mit dem *absoluten Monarch* ist sein Verfassungsideal allerdings eine *moderated monarchy*. Diese Entwicklung war ein großer Schritt von personaler Macht hin zu institutioneller Autorität.

Die politischen Einrichtungen Englands beeindruckten den französischen Baron und Staatsphilosophen Montesquieu (1689 bis

1755). Er nahm sie als Vorbild und entwickelte die Gedanken von Locke weiter. Sein Ideal war die politische Freiheit. Sie ist dort zu finden, wo den menschlichen Neigungen zum Machtmißbrauch Schranken gesetzt werden. Um den Mißbrauch der Macht zu verhindern, schlägt Montesquieu eine Ordnung vor, welche die Macht der Macht einschränkt. Er studiert die Lehre der Gewaltenteilung von Locke und ergänzt sie. Neben der Legislative und Exekutive spricht er von der judikativen Gewalt. Die Legislative überträgt er der Vertretung des Volkes, dem Parlament. Die Exekutive, die ausführende Gewalt, überläßt er der Verwaltung des Königs. Die dritte, die richterliche Gewalt, wird unabhängigen Richtern zugeschrieben.

Zur Zeit Montesquieus stand die französische Justiz unter direktem Einfluß der Krone und litt unter widrigen Verhältnissen. Sie vermochte sich nicht nach Recht und Gesetz zu richten, sondern mußte den Wünschen der königlichen Bürokratie folgen. Durch die Trennung der richterlichen Tätigkeit von der Verwaltung konnte die Freiheit der Bürger besser gewährleistet und der Machtmißbrauch der zwei anderen Gewalten eingedämmt werden. Montesquieu führte die Entwicklung der Macht- und Gewaltenteilung einen Schritt hin zur institutionellen Macht. Er war überzeugt, daß die Menschen von Geburt an gleich sind. Die gesellschaftlichen Verhältnisse führten zur Ungleichheit der Menschen; die Gesetze sollen dies laut Montesquieu wieder regulieren.[11]

Lockes Lehre der Gewaltenteilung fand nicht überall Zustimmung. Der Genfer Philosoph und Aufklärer Jean-Jacques Rousseau (1712–1778) lehnte das repräsentative System Englands ab und behauptete, die wenigen Engländer, die Besitzbürger, die sich durch Wahlbeteiligung frei fühlten, seien in der Tat nur alle sieben Jahre einen Tag frei – und zwar am Wahltag. Da die Gewählten nur die Abgeordneten der Aristokratie seien, habe der Wille des Volkes in der Demokratie Englands keinen Einfluß.

Rousseaus Staatsentwurf basiert auf einem Gesellschaftsvertrag, den die freien Individuen miteinander geschlossen haben. Dieses Modell unterscheidet sich wesentlich von dem der liberalen Naturrechtler, zu denen John Locke zu rechnen ist. Die bürgerliche Frei-

11 Vgl. Montesquieu, 1975.

heit beschränkt sich bei Rousseau auf das Recht des Mitwirkens bei der Bildung des Gemeinwillens. Das Handeln des einzelnen wird bestimmt durch die erlassenen Gesetze der Bürgerversammlung, die den Gemeinwillen repräsentieren. Rousseau brachte somit eine neue Dimension in den geschichtlichen Prozeß der Macht- und Gewaltenteilung. Indem er das Recht der Volksmassen geltend zu machen versuchte, schuf er eine Grundlage für totalitäre Herrschaftssysteme. Jedenfalls wohnt diese Gefahr den Ideen Rousseaus inne.

Rousseau versucht das Streben nach Macht, die Habgier und die Zerstörungslust im Geiste platonischer Tradition zu erklären. Er geht von der Annahme aus, daß der Mensch von Natur aus friedlich und gut sei, solange er allein bleibe. Durch das gesellschaftliche Leben, wenn Menschen zusammenkommen, entstehen Kämpfe und Kriege. Wie die einzelnen friedlichen Menschen sich durch die Vergesellschaftung zu einer kriegerischen Masse umwandeln, war nicht so leicht zu erklären.

Ein entscheidender Impuls zur Einschränkung der absoluten Herrschaftsmacht und staatlichen Gewalt kam im 18. Jahrhundert von Adam Smith (1723–1790), dem britischen Moralphilosophen und Volkswirtschaftler. Zuviel staatliche Steuerung, behauptete Smith, behindere die Selbstregulierungsmechanismen der Gesellschaft und beeinträchtige sie in ihrer Wirksamkeit.[12] Die Menschen seien durch ein Netz von Beziehungen miteinander verbunden. Die Privatinteressen könne man nur dann optimal verfolgen, wenn die Tauschverhältnisse hergestellt seien.

Die Bedeutung der Individuen einerseits und der gesellschaftlichen und betrieblichen Arbeitsteilung für den allgemeinen Wohlstand andererseits nachzuweisen war eine hervorragende Leistung Adam Smiths. Durch wachsende Macht und den Einfluß der Individuen wurde die absolute Gewalt und die Legitimität des Herrschers immer mehr in Frage gestellt.

Die hundertjährige Geistesarbeit der Aufklärung fand während der Französischen Revolution ihren politischen Niederschlag. Eine bedeutende Auswirkung der Revolution war die Politisierung des Volkes. Diese Entwicklung stellte einen tiefen Einschnitt in der Geschichte der Machtteilung dar. Die Masse der Bevölkerung begann

12 Adam Smith, 1974.

zumindest den Machtmißbrauch der Herrschenden in Frage zu stellen. Politische Diskussionen, die vorher nur innerhalb kleiner Kreise stattfanden, breiteten sich in allen Schichten der Bevölkerung aus.

Die verschiedenen Lager bildeten sich zu politischen Parteien aus und wurden zu neuen Strukturelementen des politischen Lebens. Die politische Ideengeschichte im 19. und 20. Jahrhundert ist in der Tat die Geschichte der ideologischen Kämpfe. Die Entstehung der Parteien war ein tiefer Einschnitt in die Geschichte der Machtteilung. Durch ihre Gründung wurde das Machtmonopol der herrschenden Klassen aufgehoben. Regieren konnten nun diejenigen Parteien, die bei der Masse am meisten Zustimmung fanden.

Das große Thema der Französischen Revolution und des deutschen Idealismus war die Erkenntnis, daß der Mensch fähig ist, sich durch seine naturgegebene Vernunft von der ungerechtfertigten Gewalt der Herrschenden zu befreien und seine Handlungen selbst zu bestimmen. Deshalb erschien die Frage nach einer tragfähigen Herrschaftsgrundlage in dieser Periode dringender als je zuvor.

Georg W. F. Hegel (1770–1831), der das umfassendste und einheitlichste System der deutschen Philosophie entwickelte und den deutschen Idealismus vollendete, setzte sich mit der Herrschaftsproblematik dieser Epoche auseinander. Für Hegel war die Herrschaft eng mit dem Prozeß der gesellschaftlichen Arbeitsteilung verbunden. Er versuchte in seiner *Phänomenologie des Geistes*[13], den Dualismus zu überwinden und Herrschaft und Knechtschaft zur Versöhnung zu bringen, die nach ihm nicht als zwei antagonistische Welten gegeneinanderstanden, sondern durch den organisatorischen Rahmen des Arbeitsprozesses miteinander verbunden waren.

Die Vereinheitlichung erstreckt sich in Hegels Philosophie von der Materie bis zur Ethik und Geschichte. Die Macht ist aus seiner Sicht kein lebloses Instrument in den Händen Gottes und seiner Vertreter. Sie wirkt ständig und überall, in der Natur, in der Geschichte und nicht zuletzt in der Logik, die auf dem dialektischen Weg zur Entfaltung des Christentums und seiner Vereinheitlichung mit dem neuzeitlichen Freiheitsgedanken führt. Was ihn mit Hobbes verbindet, ist die Beseitigung der alten Transzendenz.

Der gesellschaftliche Funktionszusammenhang, den Adam Smith

13 Vgl. Georg W. F. Hegel, Gesammelte Werke. Bd. 9, 1980.

und Hegel erläuterten, wurde später von Marx weiterentwickelt und vertieft. Marx warf Hegel vor, daß er nur positive Seiten der Arbeit sehe und ihre negativen Seiten vernachlässige. Der dialektische Umschlag, der im Wesen des geschichtlichen Prozesses liege, solle zur endlichen und endgültigen Aufhebung sozialen Unrechts in der klassenlosen Gesellschaft führen. Der Proletarier sei jetzt nicht mehr ein isolierter, anonymer und hilfloser Armer, er bilde vielmehr mit seinen Genossen im gleichen Schicksal ein Potential an Macht. Marx übernahm die aristotelische Definition der Demokratie mit umgekehrten normativen Vorzeichen und nannte sie »Diktatur des Proletariats« [14]. Die Kommunisten erklärten offen, daß ihre Ziele nur durch eine Weltrevolution und den gewaltsamen Umsturz der bisherigen Gesellschaftsordnung zu erreichen seien.

Außenpolitisch standen die europäischen Staaten während dieser Periode am Vorabend einer großen Krise. Innenpolitisch waren sie gespalten durch die Konkurrenz und den Machtkampf der Vertreter der Ideologien – der Konservativen, Liberalen und Sozialisten. Die Monarchien des 19. Jahrhunderts verloren allmählich ihren Glanz. Anstelle der mächtigen Einzelpersonen betraten langsam mächtige Klassen und Interessengruppen mit einem charismatischen Führer an ihrer Spitze die politische Bühne. Die Frage nach der legitimen Herrschaft und nach der bestmöglichen Ordnung, die seit der Politik des Aristoteles ein Gegenstand der Staatslehre war, wurde seit Ende des 18. Jahrhunderts intensiv erörtert. Die Umbildungsformen der Herrschaft, die Führungskriterien, die Polarität von Freiheit und Ordnung, die institutionelle Zügelung der Macht und die Mitwirkung der Bürger im politischen Prozeß beschäftigten die Denker und Theoretiker stärker als je zuvor.

In der politischen Philosophie der Aufklärung setzte sich die Auffassung durch, daß nur die beschränkte und kontrollierte Macht politisch rechtmäßig sei. Die Macht dürfe jedoch nicht dämonisiert und unterdrückt, sondern müsse berücksichtigt und gelenkt werden. Grenzenlose Habgier und tyrannische Macht seien gesellschaftlich zerstörerisch und daher nicht legitim. Diese Überlegungen führten zu sozialen Bewegungen und schließlich zur Demokratisierung und Mitbestimmungsforderung des ganzen Volkes.

14 Vgl. Kurt L. Shell, 1987, S. 42.

3. Die demokratischen Transformationen

Die individuelle Freiheit und die rechtliche Gleichheit der Bürger zum politischen Machterwerb sind im neuzeitlichen Verständnis tragende Prinzipien der Demokratie. Die institutionellen Regelungen der Gewaltenteilung, der Föderalismus und die Repräsentation dienen der Verwirklichung dieser Prinzipien. Der Träger der Macht in der Demokratie ist das Volk, indem es selbst für die Gesetze seines Handelns Verantwortung trägt.

Die ursprüngliche Idee der Demokratie ist mit dem antiken Griechenland verknüpft. Die ersten demokratischen Stadtstaaten sind im fünften Jahrhundert v. Chr. gebildet worden. Diese Entwicklung, die das Regieren durch eine Vielzahl von freien, erwachsenen Männern ermöglichte, bezeichnet Robert Dahl, der amerikanische Politikwissenschaftler, als die erste demokratische Transformation.[15] Verglichen mit anderen Herrschaftsformen wie Monarchie und Aristokratie, bewertet Aristoteles die Demokratie als entartete Form der *Politie* und die Herrschaft der Besitzlosen über die besitzenden Bürger als negativ und nicht wünschenswert.[16] Die Demokratie behielt bis ins 18. Jahrhundert den Charakter eines Kampfbegriffs, gerichtet gegen privilegierte Ungleichheit und Herrschaft der Minderheit.

Die zweite demokratische Transformation, wie Robert Dahl sie nennt, begann seit Ende des 18. Jahrhunderts durch die Fusion von vier verschiedenen Elementen. Neben antiker Vorstellung von Demokratie waren die republikanische Tradition der italienischen Stadtstaaten der Renaissance, die Idee und die Institutionen der repräsentativen Regierung und des Liberalismus, oder die Idee der politischen Gleichheit und Freiheit, für die Entwicklung der modernen Demokratien bestimmend.

Der Liberalismus richtete sich gegen die Allmacht der Monarchen, die als illegitim bewertet wurde. »Die Macht tendiere dahin, zu korrumpieren, und die absolute Macht korrumpiere absolut.«[17] Deshalb war die Überwindung der Tyrannei und des mit

15 Vgl. Robert A. Dahl, 1989, S. 13.
16 Aristoteles, 1986, S. 115.
17 Gottfried Dietze, 1988, S. 15.

ihr verbundenen Entzugs natürlicher Rechte der Bürger die zentrale Frage der liberalen Demokratie. Die Gründer der demokratischen Verfassungen sind von der Annahme ausgegangen, daß der Mensch ein Werkzeug seiner Wünsche sei. Er werde nach Möglichkeit diesen Wünschen bis zur völligen Befriedigung nachgehen. Einer der Wünsche sei das Streben nach Macht. Ehrgeiz und Habsucht und die Liebe zur Macht und zum Geld hätten besonderen Einfluß auf die Menschen. Ferner galt die Feststellung, daß eine Tyrannei der Mehrheit oder der Legislative – des Parlamentes – nicht weniger tyrannisch sein könne als die Tyrannei der Minderheit, der Exekutive. Das Ziel einer demokratischen Verfassung soll die Gründung einer nicht-tyrannischen Regierung sein. Zwei Bedingungen wurden als besonders wichtig erachtet. Erstens dürften die drei Gewalten – Legislative, Exekutive und Jurisdiktion – nicht in eine Hand fallen. Zweitens sei ein System von Kontrolle und Einschränkungen zu schaffen, damit die Rechte und Interessen der Staatsbürger nicht verletzt werden können.

Im 20. Jahrhundert setzte sich die Idee durch, daß Konkurrenzkampf um Macht dem Prinzip der Solidarität untergeordnet sei. Der Kampf zwischen ideologischen Gruppierungen könne nur im Rahmen der vorhandenen Gemeinsamkeiten stattfinden. Um sich für die eigene Macht zu entscheiden, müsse der Mensch sich gegen eine andere Macht entscheiden. Dadurch entstehe ein Freund-Feind-Verhältnis, das durch Solidarität nach innen und Kampf nach außen charakterisiert sei.

Aufgrund dieser Überlegungen sind im Laufe der letzten zwei Jahrhunderte in den westlichen Industrienationen unterschiedliche Demokratiemodelle entwickelt worden. Obwohl diese Systeme in den geschichtlichen Zusammenhang der jeweiligen Kulturen eingebettet sind, besitzen sie gemeinsame Merkmale. Sie ermöglichen die Einigung über die Ausübung der Macht, ihre Teilung zwischen verschiedenen politischen Gruppen, ihre Kontrolle und einen friedlichen Machtwechsel. Der Kampf der Parteien führt zur legitimen Mehrheitsherrschaft und zur Überlegenheit des stärkeren Willens. Konkurrenz der Interessen um Durchsetzungsfähigkeit, die entweder durch legitime Mehrheit oder Schließung von Kompromissen zwischen Verhandlungssystemen erreicht werden, sind die zentralen Begriffe in allen Demokratiemodellen.

Nach den blutigen Erfahrungen zweier Weltkriege mit der barbarisch entfesselten Macht haben sich im ideologischen Denken des 20. Jahrhunderts zwei Grundeinstellungen von Macht und Gewalt durchgesetzt. Die Vertreter von liberalen Demokratien bewerteten die Macht in der Gesellschaft wie die Energie in der Natur. Sie sei tief im menschlichen Dasein verankert und verfolge die Durchsetzung des dahinterstehenden Willens, in welcher Form sie auch erscheinen möge. Das Streben nach grenzenloser Macht sei eine menschliche Eigenschaft, da die Tiere sich mit ihren biologischen Bedürfnissen zufriedengeben. Deshalb wäre es zwecklos, sie zu unterdrücken; sie müsse innerhalb des freiheitlich verfaßten Gemeinwesens kontrolliert und gelenkt werden, damit sie nicht in Willkür ausarte. Die institutionelle Gewaltanwendung sei stets das spezifische Mittel des Staates in allen Hochkulturen gewesen.

Die zweite Gruppe, die Vertreter der marxistischen Ideologie, befürwortete zwar die institutionelle Kontrolle der Macht, orientierte sich jedoch mehr an der platonischen Tradition, welche die dämonische Macht mit Gewalt und Willkür gleichsetzte und die freie Unterwerfung der überzeugten Bürger unter die wahre Macht verlangte. Die Vorstellung einer herrschaftsfreien Gesellschaft war der Leitgedanke der linken Theoretiker. Die Machttheorie von Michel Foucault ist der Versuch, die naturalistisch geprägten Vorstellungen der Machttheorie Nietzsches in eine Gesellschaftstheorie zu übertragen. Danach ist Machterwerb keine einseitige Aneignung und Ausübung von Verfügungsrechten, sondern entsteht aus einem dauernden Kampf unter den sozialen Akteuren einer normenfreien Gesellschaft. Weder die Machttheorie Foucaults noch die Behauptung Arendts, die Macht gehöre ausschließlich den Gruppen und nicht den Individuen, haben praktische Folgen in der Realpolitik der westlichen Demokratien erzielt. Deshalb wird im folgenden die Rolle des *Konkurrenzkampfes um Macht* in den drei demokratischen Konzepten – Führerdemokratie, Konkurrenztheorie und Pluralismus –, die in zeitlicher Reihenfolge von den drei Demokratietheoretikern des 20. Jahrhunderts – Max Weber, Joseph A. Schumpeter und Ernst Fraenkel – entscheidende Impulse bekamen, in einer knappen Darstellung untersucht.

1. Führerdemokratie Um die Jahrhundertwende war das internationale politische System durch ungleiche Wachstumsraten der Industrienationen und durch eine unterschiedliche Geschwindigkeit der technologischen Entwicklungen im Vergleich zum Beginn des 19. Jahrhunderts viel komplexer und instabiler geworden. Diese Instabilität, die sich auch durch zunehmendes Wettrüsten bemerkbar machte, beeinflußte auch das innenpolitische Machtgefüge.

Der Niederschlag dieses Wettkampfes um Weltmacht ist in aller Deutlichkeit in politischen Schriften dieser Epoche sichtbar. Machtsteigerung des Staates nach außen wie nach innen war in dieser Periode ein Ideal Max Webers (1864–1920). Weber, Sozialwissenschaftler und Politikanalytiker, ordnete die demokratischen Verfassungsideale den nationalen Machtinteressen unter. Er trat vehement gegen den klassischen Konservativismus und die preußische Monarchie auf, da diese ihre Funktion in einem Militärstaat nicht mehr erfüllen könnten. Die Lösung sah er in einer starken *Führerdemokratie*, d. h. in einer liberalen Demokratie mit einem vom Volk gewählten Führer an der Spitze. Demokratisierung und Parlamentarisierung, so Weber, sollten den Weg für eine Weltmachtpolitik ebnen. Konkurrenz, Kampf und Machtstreben durch demagogische Mittel sind zentrale Begriffe in Webers Schriften.

Max Weber erlebte das »Zeitalter des Imperialismus«, jene Zeitspanne, die im Jahre 1890 mit der Entlassung Bismarcks begann und mit den Verwüstungen des Ersten Weltkrieges 1918 zu Ende ging. Aus weltgeschichtlicher Sicht war diese Epoche durch Weltmachtstreben der europäischen und außereuropäischen Großmächte wie der USA und Japans charakterisiert. Weber war Zeitzeuge des »Wilhelminischen Zeitalters«, das sich durch Großmannssucht auszeichnete.

Die internationale Machtkonkurrenz und die ideologischen Kämpfe haben neben anderen Faktoren die demokratische Wandlung im 20. Jahrhundert stark beeinflußt. Die Macht, die bis dahin ein spezifisch politisches Phänomen war, entwickelte sich zu einem sozialen Phänomen. Weber war aus streng zweckrationalen Gründen gegen eine Monarchie. In einem Obrigkeitsstaat, so Weber, ist die höchste Stelle für immer besetzt und dem Konkurrenzkampf der Politiker entzogen. Die Abschaffung der Herrschaft des Menschen über den Menschen zugunsten einer Sachverwaltung paßte nicht zu seinem Konzept. Er pflegte jedoch das Ideal der größtmöglichen Machtsteigerung des Staates nach außen und forderte diese infolgedessen im Innern. Sein zentraler Gedanke war die Schaffung eines machtvollen nationalen Staates, der im Innern von den Kräften des Bürgertums und der Arbeiterschaft getragen werde und imstande sei, große außenpolitische Leistungen zu erreichen. Dieses leidenschaftlich nationale Machtdenken zwang Weber dazu, die Wertgehalte der Demokratie zugunsten einer rein funktionalistischen Auffassung der Demokratie aufzugeben.

Eine grundlegende politische Erziehungsarbeit muß geleistet werden. Der Appell richtete sich an das Bewußtsein der Wissenschaftler und forderte sie auf, »an der politischen Erziehung unserer Nation mitzuarbeiten, welche das letzte Ziel, auch gerade unserer Wissenschaft, bleiben muß«.[18] Seine politischen Schriften sollten der Schulung für den Kampf und der Erziehung der Berufspolitiker dienen. Die bedeutendste Funktion der parlamentarischen Demokratie sei formal freie Führerwahl. Man habe nur die Wahl, entweder in einem Obrigkeitsstaat mit seinem Scheinparlamentarismus eine unfreie und rechtlose Masse »wie eine Viehherde zu verwalten«[19] oder die Masse als Mitherrin des Staates aktiv werden zu lassen.

In seiner bekannten Rede »Politik als Beruf«[20], die Weber im Revolutionswinter 1918/1919 gehalten hat, ging er auf den Begriff »Politik« ein; darunter versteht er die Leitung oder die Beeinflussung der Leitung eines politischen Verbandes, also eines Staates. Politik heißt: Streben nach Machtanteil oder Beeinflussung der Machtverteilung. »Wer Politik treibt, erstrebt Macht: Macht entweder als Mittel im Dienst anderer Ziele – idealer oder egoistischer –, oder Macht ›um ihrer selbst willen‹: um das Prestigegefühl, das sie gibt, zu genießen.«[21] Es darf nicht verwundern, wenn

18 Max Weber, 1971, S. 24.
19 Ebd., S. 291.
20 Vgl. Max Weber, 1968.
21 Max Weber, 1966, S. 27.

die bekannteste Formulierung der individuellen Macht in einer sozialen Beziehung von Max Weber stammt. »Die Macht bedeutet die Chance, innerhalb einer sozialen Beziehung den eigenen Willen auch gegen Widerstreben durchzusetzen, gleichviel worauf diese Chance beruht.«[22] Er integriert diese Machtkonzeption in die Strukturen des rationalen modernen Staates.

Machtstreben funktioniert dann effektiv, wenn der Politiker die demagogischen Mittel kennt. Die Demagogie ist nicht eine Erfindung der Demokratie; die modernen Monarchien haben ebenfalls den Weg der Demagogie beschritten. Weber betont allerdings die Bedeutung der Demagogie für die Struktur der politischen Führerstellung und beantwortet damit die Frage des Zusammenhangs zwischen Demokratie und Parlamentarismus. Durch Massendemokratisierung wird der Führer nicht mehr aus dem Kreise einer Honoratiorenschicht rekrutiert und kraft seines Hervortretens im Parlament zum Führer gewählt, sondern aufgrund massendemagogischer Mittel emporgetragen. »Dem Wesen der Sache nach bedeutet dies eine cäsaristische Wendung der Führerauslese.«[23] Die Demokratie neigt nach Webers Überzeugung zu »cäsaristischen« Mitteln, zum Plebiszit. Dieses ist nicht nur bloße Abstimmung oder Wahl, sondern zugleich eine Anerkennung der Führerqualitäten.

Demagogie ist ein Wesensmerkmal der Demokratie. »Demokratisierung und Demagogie gehören zusammen.«[24] Der Realist gibt zu, daß der Demagoge besser nach oben kommt, »und der erfolgreiche Demagoge ist der Mann, der in den Mitteln der Umwerbung der Massen am unbedenklichsten ist. Eine Idealisierung der Realitäten des Lebens wäre zweckloser Selbstbetrug.«[25] Was dem Politiker, oder im Weberschen Sinne: dem Demagogen, am besten dient, ist sein »Charisma«, denn hier wurzelt der Gedanke des »Berufs« in seiner höchsten Ausprägung. »Die Hingabe an das Charisma des Propheten oder des Führers im Kriege oder des ganz großen Demagogen in der Ekklesia oder im Parlament bedeutet ja,

22 Max Weber, 1976, S. 28.
23 Vgl. M. Weber, 1971, S. 393.
24 Vgl. M. Weber, 1966, S. 87.
25 Ebd., S. 85.

daß er persönlich als der innerlich ›berufene‹ Leiter der Menschen gilt, daß diese sich ihm nicht kraft Sitte oder Satzung fügen, sondern weil sie an ihn glauben.«[26]

Bei der Beschreibung der politischen Lage Deutschlands in den vergangenen Jahrzehnten und der Ursachen des »gewaltigen Zusammenbruchs« konzipiert er Ansätze auf dem Weg einer gewünschten Umwandlung. Als entscheidende Qualitäten eines Politikers gelten ihm Leidenschaft, Verantwortungsgefühl und Augenmaß. Die politischen Aufgaben sind »nur mit Gewalt zu lösen«[27], und der Politiker müsse mit gewaltsamen Mitteln und auf dem Wege der Verantwortungsethik arbeiten, obwohl diese das »Heil der Seele« gefährden.

»Aktive« Politiker und »passive« Wähler stehen sich im politischen Interessenbetrieb gegenüber. Es gehe in der Politik nicht um die Interessen der passiven Masse, sondern um die Interessen derjenigen aktiven Politiker, die politische Macht für die Durchsetzung ihrer eigenen Gedanken anstreben. Die Suche nach ewigen Wahrheiten überläßt Weber den Literaten. Der Politiker muß »auf den Kampfplatz der Gegenwartsprobleme«[28] treten. Die Monarchie der Vergangenheit sei den gegenwärtigen Weltaufgaben nicht gewachsen, darum müsse sie abgeschafft werden. An ihre Stelle solle eine liberale Demokratie treten; insofern sei die Erziehung der geeigneten *Berufspolitiker* die dringlichste Aufgabe.

Im Hinblick auf die Masse ist Weber jedoch skeptisch, »denn sie ist, wie jede Erfahrung lehrt, stets der aktuellen rein emotionalen und irrationalen Beeinflussung ausgesetzt«.[29] Damit eine Massendemokratie funktioniert, müsse die machtbewußte Führerauslese diese irrationale Beeinflußbarkeit der emotionalen Masse zu ihren Gunsten durch demagogische Mittel nutzen können.

Webers Entwurf der Demokratie soll die »Politik der Eitelkeit«, diese »planlose Gefühlspolitik« in eine »sachliche Politik«, eine Politik »des schweigenden Handelns«[30] umwandeln. So war der

26 Vgl. M. Weber, 1968, S. 10.
27 Ebd., S. 64.
28 M. Weber, 1971, S. 443.
29 Ebd., S. 404.
30 Ebd., S. 159.

Webersche »Berufspolitiker« ein maßgeschneiderter Typus für diese Politik, die im Endeffekt außergewöhnliche Welterfolge bringen sollte. Kämpferisch, machtbewußt, charismatisch und demagogisch – das sind hochgepriesene Tugenden, die den »Berufspolitiker« auf dem Weg zum Erfolg begleiten sollen.

2. Konkurrenzdemokratie Im März 1919, im selben Jahr als Weber seine historische Rede hielt, übernahm Joseph Alois Schumpeter (1883–1950), der österreichische Sozialwissenschaftler, der bereits 1908 durch sein Werk *Das Wesen und der Hauptinhalt der theoretischen Nationalökonomie* bekannt wurde, das Amt des Finanzministers in einer sozialdemokratischen Regierung in Wien. Seine politische Laufbahn und spätere finanzielle Tätigkeiten brachten ihm keinen Erfolg, deshalb nahm er einen Ruf an die Bonner Universität an und erhielt den Lehrstuhl für Finanzwissenschaft. Kurz vor der Machtergreifung der Nationalsozialisten, im Jahre 1932, wanderte er nach Amerika aus und übernahm einen Lehrstuhl an der Universität von Harvard.

Schumpeter, der in zeitlicher Folge nach Max Weber als namhafter Demokratietheoretiker in die Geschichte der politischen Ideen einging, war ein nicht-marxistischer Sozialist. Dennoch würdigte er die Größe der marxistischen Leistungen und versuchte die Marxsche Lehre für seine amerikanischen Leser, die sie von ferne kannten, in seinem Buch *Kapitalismus, Sozialismus und Demokratie* begreiflich zu machen, wobei er mit Schärfe die Grenzen der theoretischen Leistungen von Marx aufzeigte. Die kapitalistische Gesellschaft werde selbstzerstörerisch, wenn sie sich nicht wandlungsfähig zeige. Schumpeter teilte die Marxsche Vision der gesellschaftlichen Entwicklung und behauptete, sie werde in den Sozialismus einmünden. Der ideologische Konkurrenzgeist der unterschiedlichen Wirtschaftssysteme dieser Epoche spiegelt sich in Schumpeters Konkurrenztheorie der Demokratie wider.

Als Schumpeter in Amerika ankam, befand sich das Land in einem tiefgreifenden Umdenkensprozeß. Präsident Hoover, ein treuer Anhänger der freien Marktwirtschaft, sah aufgrund rapid fortschreitenden Wirtschaftsverfalls und wachsender Arbeitslosigkeit die Notwendigkeit staatlicher Eingriffe ein. Die Schaffung verschiedener bundesstaatlicher Lenkungsmaßnahmen bedeutete in dieser Periode eine radikale Umkehr im politisch freiheitlichen Denken Amerikas.

Die Wirtschaftskrise dieser Periode und die Frage der staatlichen Eingriffe in die Privatwirtschaft mobilisierten die Vertreter der verschiedenen Lager innerhalb der Industriestaaten. Die kapitalistische Gesellschaft war nach Schumpeters Überzeugung gescheitert. Was entstanden war, nannte er »kommerzielle Gesellschaft«, die mit der »kapitalistischen Gesellschaft« nicht identisch sei. Kommerzielle Gesellschaft definierte er durch zwei Elemente, Privateigentum an den Produktionsmitteln und Regelung des Produktionsprozesses durch Privatvertrag. Diese private Leitung oder Privatinitiative gehöre nicht ausschließlich zu der bürgerlichen Gesellschaft. Denn eine industrielle und kommerzielle Bourgeoisie ist »im allgemeinen nicht fähig, ohne Symbiose mit einer nichtbürgerlichen Schicht zu existieren«.[31]

Moralisch war Schumpeter ein Verteidiger des Sozialismus, denn ein egalitäres System, das ebenso leistungsfähig ist wie sein kommerzielles Gegenstück, spielt sich auf einem höheren Wohlfahrtsniveau ab. Nach Geboten der Moral müssen Kampf und Konkurrenz weitergehen, bis es zu einem endgültigen Sieg kommt. Die zwei letzten Kapitel seines Buches *Kapitalismus, Sozialismus und Demokratie* widmet Schumpeter einer Demokratietheorie, »die allen Realitäten von Gruppenaktionen und der öffentlichen Meinung Rechnung trägt... und dann werden wir endlich zu sagen imstande sein, wie es voraussichtlich der Demokratie in einer sozialistischen Ordnung ergehen wird«.[32]

Der Hauptzweck der demokratischen Ordnung sei der Konkurrenzkampf um die Führung und Gefolgschaft des Volkes. Schumpeter vergleicht die Parteien mit zwei Armeen, die gegeneinander operieren. Ihr Ziel sei der Sieg über den Feind. Dabei hätten die Eroberungen der Gebiete eine zweitrangige Bedeutung und müßten nur aus strategischen und taktischen Gesichtspunkten bewertet werden. »In ähnlicher Weise ist das erste und höchste Ziel jeder politischen Partei, über die andern den Sieg davonzutragen, um zur

31 Joseph Alois Schumpeter, 1987, S. 267
32 Ebd., S. 396.

Macht zu gelangen oder an der Macht zu bleiben.«[33] Schumpeters Wortwahl unterscheidet sich von der Webers. Statt von demagogischen Mitteln zur Beeinflussung der Masse spricht Schumpeter von »freier Konkurrenz um freie Stimmen«.[34] Dieser Art der Konkurrenz stellt er unfaire militärische und betrügerische Methoden gegenüber. Die Konkurrenz sei unerläßlich, damit entschieden werde, welche Vertreter welcher Ideologie die Führung übernehmen sollen.

Die Analogie zwischen Konkurrenzdemokratie und Krieg ist wiederholt in Schumpeters Schriften zu finden. »Wenn ein Gesetzentwurf von der Opposition eingebracht wird, bedeutet dies, daß sie eine Schlacht anbietet: solch ein Vorgehen ist ein Angriff, den die Regierung entweder durch Aneignung des strittigen Punktes durchkreuzen oder sonst zurückschlagen muß.«[35] Die kausale Machttheorie bleibt in Schumpeters Demokratieauffassung weithin unangetastet.

Er ist sich bewußt, daß der soziale Sinn der parlamentarischen Tätigkeit darin besteht, Gesetze und Verwaltungsmaßnahmen hervorzubringen. Dieses Ziel war zur Zeit Schumpeters nur durch Konkurrenzkampf um Macht und Amt erreichbar. Deshalb sei der Machtgewinn der Hauptzweck der Politik, wobei die Gesetzgebung ihr Nebenprodukt ist, »im gleichen Sinne wie die Produktion eine Nebenerscheinung beim Erzielen von Profit ist«.[36]

In der Konkurrenztheorie von Demokratie sind Webersche Ausdrücke wie »passive Masse« und »demagogische Mittel« nicht mehr zu finden. Wille und Entscheidung der »Wählerschaft« fließt jedoch nicht aus ihrer Initiative, sondern wird durch Parteien geformt. Dies ist ein wesentlicher Teil des demokratischen Prozesses. »In allen normalen Fällen liegt die Initiative beim Kandidaten, der sich um das Amt als Parlamentsmitglied und die damit jeweils verbundene lokale Führung bewirbt.«[37] Schumpeter sieht in der »Psychotechnik der Parteileitung«, in den »Schlagworten« und der

33 Ebd., S. 443.
34 Ebd., S. 430.
35 Ebd., S. 445.
36 Ebd., S. 448.
37 Ebd., S. 449.

»Parteireklame« kein bloßes Beiwerk. »Sie gehören zum Wesen der Politik. So auch der politische ›boß‹.«[38]

Wie Schumpeter zugibt, wird die Leistungsfähigkeit der demokratischen Regierung in großen und komplexen Gesellschaften infolge des fortwährenden Kampfes um die Macht unvermeidlicherweise verringert. »Sie wird – aus dem gleichen Grund – noch dadurch verringert, daß sie gezwungen ist, die Politik den Erfordernissen der politischen Kriegsführung anzupassen.«[39] Schumpeter sieht die Lage der Politiker wie die einer Person, deren Aufmerksamkeit ständig von einer Aufgabe absorbiert wird, die dem Versuch ähnelt, aus Billardkugeln eine Pyramide zu bauen. In dieser schwierigen Situation könnten nur außerordentliche Männer noch Energie für ihre eigentliche administrative Arbeit aufbringen. Sie müßten glücklich sein, wenn am Tag nur einige Stunden für die erforderlichen Arbeiten übrigblieben. Schumpeter weiß, daß diese Strukturen oft zu Fehlschlägen und menschlichem Versagen führen. Er sieht allerdings keine Alternative.

3. Pluralistische Demokratie Im späten 19. und frühen 20. Jahrhundert wurde unter Pluralismus die Autonomie und unabhängige Identität der Gruppen und Vereinigungen verstanden, wobei der Staat nur eine dieser Gruppen und Vereinigungen darstellte und zu ihrem Schutz verpflichtet war. Einige dieser Vereinigungen lagen innerhalb der Grenzen des Staatswesens, andere gingen weit über sie hinaus. Der Staat war, als deren mächtigste und wichtigste, für Aufrechterhaltung des Rechts und der Ordnung verantwortlich. Aus dieser Tradition entwickelte sich eine neue Definition des Pluralismus. Damit ist eine politische Ordnung gemeint, in der die Machtsysteme und die Ergebnisse der öffentlichen Entscheidungen aus der Konkurrenz und der Interaktion organisierter Gruppen entwickelt werden. Die Hauptfunktion des Staates besteht darin, allen Konkurrenten die gleiche Chance zu gewähren.

Nach dem Beginn des kalten Krieges fand der Pluralismus »als Mittel zur Überwindung des Totalitarismus«[40] breite Anerken-

38 Ebd., S. 450.
39 Ebd., S. 454.
40 Ernst Fraenkel, 1991, S. 349.

nung. Eine komplexe Entstehungsgeschichte führte zu Ernst Fraenkels Pluralismustheorie und ihren Grundprinzipien der legitimen Vielfalt, der Konkurrenzdemokratie, des Gemeinwohls als regulativer Idee, der permanenten Spannung von Konsens und Konflikt und der politischen Tugend der Toleranz. Das Kampfmuster der Konkurrenzdemokratie wurde vom Pluralismus mit einigen Modifikationen aufgenommen. Die Sozialdemokratie löste sich endgültig von den Traditionen des Klassenkampfes »zugunsten der reformistischen Möglichkeiten im relativen Klassengleichgewicht pluralistischer Parität«.[41] Die Entideologisierung der Parteien und die Ausgrenzung der extremistischen Gruppierungen in vielen westlichen Systemen waren Folgen der pluralistischen Demokratie.

Während des Ersten Weltkrieges, als Weber und Schumpeter lebhafte Reden über die Demokratie und den Kampf der Wirtschaftssysteme hielten, war Ernst Fraenkel (1898–1975), der Demokratietheoretiker der Nachkriegszeit, Kriegsteilnehmer. 1919 begann er mit dem Studium der Rechtswissenschaft und Geschichte. In seinen Publikationen setzte er sich in der Endphase der Weimarer Republik leidenschaftlich für die Rettung der demokratischen Verfassung ein. Seine pluralistische Demokratietheorie wurde durch Webers Schriften und kämpferischen Auseinandersetzungen mit Carl Schmitt, dem Staatsrechtslehrer, dessen Seminar er 1931 besuchte, geprägt. Er emigrierte zwischen 1938 und 1951 nach Amerika, wo er in mehreren Beiträgen Konzepte für ein Nachkriegsdeutschland entwickelte. Seit 1951 lehrte er an der Deutschen Hochschule für Politik, dem späteren Otto Suhr-Institut der FU Berlin.

Im Pluralismus sah Fraenkel eine Antwort auf das Ideal oder das Schreckgespenst des totalen Staates. Er führte die antiparlamentarischen und antiparteilichen Affekte in Deutschland auf die autoritäre Denkweise weiter Kreise der deutschen Nation und ihrer Ideale einer homogenen und harmonischen Gesellschaft zurück. Von der These eines vorgegebenen Gemeinwillens ausgehend, wandten sich diese Kreise gegen einen pluralistischen Staat und sa-

41 Vgl. Theo Schiller, 1987, S. 388.

hen darin Anzeichen einer höchst bedenklichen politischen Selbstauflösung. Fraenkel ging davon aus, daß es weder wünschenswert noch möglich sei, in einem freiheitlichen Staatswesen einen einheitlichen Gemeinwillen festzulegen. Eine pluralistische Theorie des Gemeinwohls bestreitet nicht, daß ein »consensus omnium« oder »ein Minimum von regulativen Ideen generellen Charakters«[42] in vielen Fragen der staatlichen und gesellschaftlichen Ordnung bestehen muß. Für die Lösung der Probleme des kontroversen Sektors sei eine offene Austragung der Meinungsverschiedenheiten und Kompromisse unerläßlich.

Die pluralistische Demokratie beruhe auf der Hypothese, daß in einer differenzierten Gesellschaft aufgrund eines generell akzeptierten Wertkodex »das Gemeinwohl lediglich a posteriori als das Ergebnis eines dialektischen Prozesses der divergierenden Ideen und Interessen der Gruppen und Parteien erreicht werden«[43] kann. Fraenkel teilte die staatlichen Bereiche in einen kontroversen und nicht-kontroversen Sektor ein. Dadurch bekommt der Konkurrenzkampf einen engeren Spielraum als in der Konkurrenztheorie der Demokratie. Beim Zusammen- und Widerspiel der divergierenden Ideen werden »rechtlich normierte Verfahrensvorschriften und die gesellschaftlich sanktionierten Regeln eines fair play ausreichend beachtet«.[44]

In der klassischen Lehre der Demokratie spielen die Wähler keine große Rolle, in politischen Fragen erwiesen sie sich eher »als schlechte und sogar korrumpierte Richter«.[45] In der Konkurrenzdemokratie gibt es spezielle Gebiete, die innerhalb der Vorstellungskraft der Bürger liegen; diese liegen mehr im lokalen Bereich. »Aber selbst dort stoßen wir auf eine beschränkte Fähigkeit, die Tatsachen zu erkennen, eine beschränkte Bereitschaft, danach zu handeln, ein beschränktes Verantwortungsgefühl.«[46] Deshalb sind eine »Psychotechnik der Parteileitung und der Parteireklame« und »Schlagworte«[47] unerläßlich. Bei der Pluralismuskonzeption sind

42 E. Fraenkel, 1991, S. 300.
43 Ebd.
44 Ebd.
45 J. A. Schumpeter, 1987, S. 414.
46 Ebd., S. 413.
47 Ebd., S. 450.

theoretisch nicht mehr Individuen die Träger der Macht, sondern divergierende Interessengruppen und Parteien. Die Wahlen sollen nicht nur die künftigen Regierungschefs bestimmen, sondern auch eine Entscheidung über die Alternativlösungen treffen.

Die Gefahren des Mißbrauchs der Macht und der Korruption hat Fraenkel nicht übersehen. Gegenüber den Übeln des Totalitarismus erscheinen sie ihm jedoch als kleine kosmetische Fehler, denen nicht viel Bedeutung beigemessen werden solle. Die größere Gefahr liege im Unvermögen der Masse des Volkes, die Errungenschaften des pluralistischen Systems zu erkennen und zu schätzen. Deshalb sei wissenschaftliche Aufklärungsarbeit dringend notwendig. Fraenkel versäumt nicht, bei jeder Erläuterung des pluralistischen Systems ihm seine Antipoden, den totalitären Massenstaat, gegenüberzustellen und zu entlarven.

Als Jurist beschäftigt sich Fraenkel mit der rechtlich praktischen Funktionsfähigkeit der demokratischen Institutionen, während er am Dogma von Macht und Konkurrenz festhält. Eine freie und offene Parlamentsdiskussion der interessen- und fraktionsmäßig nicht gebundenen Abgeordneten erscheint ihm indiskutabel. Die Verbindung zwischen Individuen und Staat sei nicht unmittelbar möglich; sie wird nur durch Interessenverbände und Parteien hergestellt. Damit beseitigt er theoretisch die Gefahr der Beeinflussung durch einen mächtigen Führer, schränkt aber gleichzeitig die Freiheit der Mandate und ihre Individualität ein. Was bei Weber »Beeinflussung der Masse durch demagogische Mittel« und bei Schumpeter »Formung des Willens der Wählerschaft durch die Kandidaten« ist, heißt bei Fraenkel: »...bei der politischen Willensbildung des Volkes mitzuwirken«[48]. Der kämpferische Ton in den Schriften Webers und Schumpeters weicht in Fraenkels Erläuterungen gemäßigten Formulierungen. Über den Kampf der Parteien, der nach Schumpeter wie die Begegnung zwei verfeindeter Armeen zum Sieg führen solle, schreibt Fraenkel: Die organisierten Gruppeninteressen sollen »einen Ausgleich zustande bringen, der zur Begründung eines reflektierten consensus zu führen geeignet ist«.[49] Er läßt jedoch keinen Zweifel daran, daß dieser »Aus-

48 E. Fraenkel, 1991, S. 61.
49 Ebd., S. 60.

gleich« ein Ausgleich des Nullsummenspiels ist und die Prämissen der kausalen Machttheorie respektiert.

Ende der 60er Jahre geriet Fraenkels Pluralismus-Theorie in eine Krise und verlor durch kritische Veröffentlichungen in der Zeit der Studentenrevolte an Aktualität. Die Kritik richtete sich gegen die politische Praxis der pluralistischen Systeme: Nur konfliktfähige Gruppeninteressen könnten sich durchsetzen; der Staat sei mächtigen Partikularinteressen ausgeliefert. Obwohl die Pluralismus-Kritik auf der empirischen Ebene partiell plausibel erschien, stellte sie keine Alternative zur Pluralismustheorie dar.

Eine andere Richtung des Pluralismus ist Proporz- oder Konkordanzdemokratie. Österreich und die Schweiz gelten als reinste Ausprägungen dieser pluralistischen Regierungsform. Diese Systeme sind zwar parlamentarisch verfaßt, haben aber das Mehrheitsprinzip zugunsten eines eigentümlichen Konfliktregulierungsmusters ausgeschaltet. Lehmbruch führt die politischen Konflikte in Proporzsystemen auf soziale Antagonismen zwischen rivalisierenden religiösen, ethnischen oder ideologisch differenzierten Gruppen zurück.[50] In Proporzdemokratien sei das Muster von Kampf und Durchsetzung, freilich mit anderen Rivalen als in parlamentarischen Systemen, deutlich sichtbar.

In allen obengenannten Demokratien ist das Streben nach Macht die Voraussetzung für politisches Handeln. Die Struktur des Konkurrenzkampfes gibt den radikalen Gruppen und Partikularinteressen Anlaß, ihre Ziele als die *Durchsetzung der eigenen Interessen* zu rechtfertigen. Diese Demokratien sind kaum in der Lage, die unterschiedlichen Interessen und die radikalen Tendenzen von rechts und links in die Gesellschaft zu integrieren und eine politische Atmosphäre herzustellen, in der ein offener, sachorientierter und manipulationsfreier Meinungsstreit stattfindet und alle Gruppen sich anerkannt und respektiert fühlen. Sie sind erst recht nicht geeignet, ein System zu entwickeln, in dem sich jedes Individuum und jede Gruppe für die soziale Entwicklung und Ordnung verantwortlich fühlt.

50 Vgl. Gerhard Lehmbruch, 1967, S. 14.

4. Auf dem Weg zur dritten demokratischen Transformation?

Die erste demokratische Transformation sprengte die Grenzen der traditionell regierten Stadtstaaten der Antike, die monarchisch oder aristokratisch bzw. tyrannisch oder oligarchisch geführt worden waren. Obwohl diese antiken Demokratien keine Ähnlichkeit mit den heutigen demokratischen Verfassungsstaaten haben, war ihre Entstehung ein Hinweis darauf, daß die politische Macht nicht nur von einem Alleinherrscher oder mehreren Adeligen, sondern ebenso von allen Männern einer Stadt ausgeübt werden kann.

Es dauerte über zweitausend Jahre, bis sich die Demokratie im Rahmen der Nationalstaaten verwirklichen ließ. In diesen großflächigen Demokratien ließ sich die ungezügelte tyrannische Macht durch verfassungsrechtliche Maßnahmen verhindern und die allgemeine Beteiligung im Konkurrenzkampf um Macht und einen friedlichen Machtwechsel gewährleisten.

In der antiken Staatslehre wurde das politische Leben grundbegrifflich als ein Verhältnis des Kampfes um Selbsterhaltung interpretiert. Im neuzeitlichen Freiheitsverständnis hat das Streben nach Macht nicht mehr zum Zwecke der Selbsterhaltung, sondern zur Befriedigung des Eigeninteresses und der Selbstverwirklichung breite Anerkennung gefunden. Die Selbsterhaltung wurde in den wohlstandsorientierten Industrienationen zu einer vielschichtigen und komplexen Aufgabe, die den demokratischen Institutionen überlassen wurde. Die Funktionen dieser Einrichtungen erweitern sich ständig. Hinzu kommen heute noch die Erhaltung der Natur und der sauberen Umwelt, die Harmonisierung der Nationalinteressen in vollkommen veränderten europäischen und internationalen Situationen, und nicht zuletzt die Befriedung der Wohlstandsbürger in Zeiten des industriellen Strukturwandels, der Massenarbeitslosigkeit und des Nullwachstums. Die Logik der Selbsterhaltung verlangt, wie bereits Hobbes bemerkte, die künftigen Situationen vorauszusehen und mögliche Vorsorge zu treffen.

Die epochale Frage lautet heute nicht mehr, ob die Herrschaft mit Vernunft oder Macht ausgeübt werden soll oder wie eine herrschaftsfreie Gesellschaft zu organisieren sei, sondern: Wie kann die

Macht, die heute allgemein zugänglich ist, mit Vernunft ausgerüstet werden, damit die errungenen materiellen, kulturellen und demokratischen Fortschritte, die während Jahrhunderten erkämpft wurden und so viel menschliches Leid und Leben gekostet haben, erhalten bleiben und in einer sicheren Umwelt weiter gedeihen können?

Die Vision einer politischen Ordnung, an der die Bürger in gleicher Weise beteiligt sind, wird durch die Unüberschaubarkeit des Regierungsprozesses und ihre Abhängigkeit vom Expertenwissen immer mehr in die Ferne gerückt. Ein Axiom des klassischen Republikanismus lautete, daß Macht und Kapital miteinander harmonisieren. Deshalb muß zur Verteilung der Macht in einem republikanischen System zunächst das Kapital verteilt werden. Die liberale Demokratie nahm diese Tatsache wahr und setzte eine gerechte Wohlstandsverteilung auf ihre Agenda. Die Erfüllung dieser Aufgabe wird in Zeiten, da es kein Wachstum mehr zu verteilen gibt, zu einer Herausforderung für die Regierungen.

Die steigende Komplexität der politischen Prozesse stellt die Demokratie vor ein ernsteres Problem, nämlich die Überlegenheit und die Dominanz einer intellektuellen Minderheit, die eine quasi-paternalistische Führung unvermeidbar macht. Diese Tendenz schreitet in solchem Tempo voran, daß der normale Bürger, wie Robert Dahl behauptet, bald nicht mehr unterscheiden kann, was seinen Interessen am besten dient. Dahl stellt die Frage, ob die demokratische Idee bald in einem unübersichtlichen Universum, in dem wir schicksalhaft leben müssen, eine unerreichbare Vision wird und in ein paternalistisches System mündet.

Das Komplexitätsproblem wird dadurch verschärft, daß viele Sachfragen unter einem Schleier der Ungewißheit entschieden werden müssen. Oft liegen Alternativlösungen vor, deren Endergebnisse nicht vorhersehbar und nicht abzuschätzen sind. Eine paternalistische Demokratie findet Dahl nicht erstrebenswert, weil sie im Endeffekt auf das Vertrauen der Bürger in die politische Klasse und ihre Tugendhaftigkeit aufgebaut sein muß. Außerdem verfügt die Demokratie über kein Instrumentarium, den eigennützigen Absichten der Elite effektiv entgegenzuwirken. Der wichtigste Faktor, der hilft, die Vormundschaft einer elitären Demokratie zu vermeiden, ist eine aktive und gut informierte zivile Gesellschaft, in der die Kluft zwischen Bürger und politischen Experten durch ständigen

Austausch von richtigen und vereinfachten Informationen reduziert wird. Dies wird durch moderne Telekommunikation und technischen Fortschritt möglich. Ein interaktives Telekommunikationssystem gestattet die Intervention der Bürger und ihr Mitwirken in politischen Diskussionen.

Um Machtmißbrauch der Presse zu begrenzen, schlägt Dahl zwei Schritte vor: Es muß vermieden werden, daß die Akteure der Massenkommunikation sich zu einer *Klasse* zusammenschließen. Dafür ist die Pluralität ein wichtiger zweiter Schritt. Die Lösung des Problems kann sicherlich in jedem Land unterschiedlich aussehen. Die Vorstellung einer Zivilgesellschaft, in der alle Bürger gut informiert und am Regierungsprozeß beteiligt sind, ist unrealistisch. Was Robert Dahl im Sinn hat und Gabriel Almond in den 50er Jahren als »attentive public«[51] bezeichnet hat, ist eine Masse der Zivilbevölkerung, die informiert, aktiv und stark genug ist, um der Vormacht der Elite entgegenzuwirken. Diese Masse besteht aus mehreren Gruppen, die Robert Dahl »minipopulus« nennt. Diese Volksgruppen können sich mit verschiedenen politischen Sachfragen auseinandersetzen. Sie können lokal oder national organisiert sein, mit Anhörungen und in Forschungsausschüssen arbeiten und durch Telekommunikationsmittel miteinander verbunden sein. Sie ersetzen keine administrative Körperschaft, sondern haben ergänzenden Charakter, der das Urteil der Bürger repräsentiert. Robert Dahl ist darum bemüht, die Demokratie zu ihrer ursprünglichen Form der direkten Beteiligung des Volkes zurückzuführen.

Die Idee der zivilen Gesellschaft und das direkte politische Mitwirken der Bürger werden auch lebhaft von den Kommunitaristen vertreten, die ihr republikanisches Konzept der liberalen Auffassung gegenüberstellen. Im Liberalismus haben die demokratischen Prozesse die Aufgabe, den Staat als Apparat der öffentlichen Verwaltung im Dienste der Gesellschaft zu steuern, die ihrerseits als ein marktwirtschaftliches System vorgestellt wird, in dem die Privatpersonen ihre eigenen Interessen verfolgen. Die Aufgabe der Politik ist vor allem die Durchsetzung der Privatinteressen gegenüber dem Staatsapparat, und zwar durch den Prozeß der politischen Willensbildung. »Nach liberaler Auffassung ist die Politik wesentlich ein

51 Gabriel A. Almond, 1950, S. 139.

Kampf um Positionen, die Verfügung über administrative Macht einräumen.«[52] Die Konkurrenz der strategisch und kollektiv handelnden politischen Akteure um Machtpositionen bestimmt den politischen Meinungs- und Willensbildungsprozeß in Parlament und Öffentlichkeit. Die Zustimmung der Bürger zu Personen und Programmen ist maßgebend für den politischen Erfolg.

Die Politik hat nach republikanischer Auffassung keine Vermittlerfunktion, sondern reflektiert vielmehr den »sittlichen Lebenszusammenhang«. In der Gemeinschaft werden die Staatsbürger ihres Angewiesenseins aufeinander bewußt und gestalten solidarisch und in gegenseitiger Anerkennung ihre Gemeinschaft als freie und gleiche Bürger. Die republikanische Auffassung mutet dem Staatsbürger viel mehr zu als nur die Verfolgung der eigenen Interessen. Die Kraft der »Solidarität« tritt dann als dritte Quelle neben Eigeninteresse und administrative Macht. Die politische Meinungs- und Willensbildung geschieht im republikanischen Modell nicht analog zu Marktprozessen, sie folgt vielmehr »den eigensinnigen Strukturen einer verständigungsorientierten öffentlichen Kommunikation. Für Politik im Sinne einer Praxis staatsbürgerlicher Selbstbestimmung ist das Paradigma nicht der Markt, sondern das Gespräch.«[53] Aus dieser Sicht sind die Bürger an einer gemeinsamen Praxis beteiligt, und dadurch verwandeln sie sich »zu politisch verantwortlichen Subjekten einer Gemeinschaft von Freien und Gleichen«.[54] Die Mehrheitsmeinungen bilden sich diskursiv aus politischer Kommunikation hin zur kommunikativen Macht. »Auch die Parteien, die um den Zugang zu staatlichen Machtpositionen kämpfen, müssen sich auf den deliberativen Stil und den Eigensinn politischer Diskurse einlassen.«[55] Der kontinuierlich geführte politische Meinungsstreit (oder Diskurs) hat legitimierende Kraft in bezug auf die Art der Ausübung politischer Herrschaft und den Zugriff auf Machtpositionen.

Habermas versucht aufgrund dieser zwei Auffassungen ein drittes Modell zu entwerfen. Er sieht zwar den Vorzug des republikani-

52 Jürgen Habermas, 1992/a, S. 16.
53 Ebd., S. 17.
54 Ebd., S. 14.
55 Ebd., S. 17.

schen Konzeptes in der radikaldemokratischen Selbstorganisation der Gesellschaft durch kommunikativ vereinigte Bürger, welche die Verfolgung der kollektiven Ziele nicht auf das »Verhandeln« zwischen entgegengesetzten Privatinteressen reduzieren. Nachteile sieht er in der ethischen Engführung politischer Diskurse. Demokratischer Prozeß kann nicht lediglich von den Tugenden gemeinwohlorientierter Bürger abhängig sein. In einer pluralistischen Gesellschaft geht es um Ausgleich der Interessen, wie Habermas behauptet, und um Wertorientierungen, die ohne Aussicht auf Konsens miteinander in Konflikt stehen und durch ethischen Diskurs nicht zu regulieren sind. »Dieser Interessenausgleich vollzieht sich als Kompromißbildung zwischen Parteien, die sich auf Macht- und Sanktionspotentiale stützen.«[56]

Die deliberative Politik, behauptet Habermas, kann erst dann empirischen Bezug gewinnen, wenn der Vielfalt der Kommunikationsformen Rechnung getragen und der gemeinsame Wille durch Interessenausgleich und Kompromiß gebildet wird und nicht aufgrund einer ethischen Selbstverständigung. Die sozialintegrative Gewalt der Solidarität »soll sich über weit ausgefächerte autonome Öffentlichkeiten und rechtsstaatlich institutionalisierte Verfahren der demokratischen Meinungs- und Willensbildung entfalten und gegen die beiden anderen Gewalten, Geld und administrative Macht, behaupten können«.[57] in seinem Werk *Faktizität und Geltung*[58] behandelt Habermas gründlich die Idee der deliberativen Politik und ihre rechtlichen Grundlagen.

Für die deliberative Auffassung der Politik – das gilt auch für die liberale und republikanische – ist das Paradigma der Konkurrenzkampf um Macht. Die demokratischen Prozesse folgen den Regeln des Nullsummenspiels[59], d. h. die Durchsetzung der Interessen einer Gruppe geschieht auf Kosten von anderen Gruppen. Die Gruppeninteressen müssen ihre soziale Anerkennung erst erkämpfen, und dies nicht selten durch Diffamierung und Herabsetzung der anderen Gruppen, da ihr Erfolg, der durch die Stimmenmaximierung

56 Ebd., S. 18.
57 Ebd., S. 23.
58 Jürgen Habermas, 1992/b.
59 Vgl. dazu die Hinweise auf die Spieltheorie im Anhang.

bemessen wird, nur durch Mißerfolg und Schwächung der anderen Gruppen erreicht werden kann.

Dieses Buch will zeigen, daß das Nullsummenspiel der Macht für komplexe pluralistische Gesellschaften nicht tauglich ist. Die Macht muß in hochtechnisierten, gefährdeten und wohlstandsorientierten Gesellschaften im Dienste von Gerechtigkeit und demokratischer Problemlösung stehen. Die Lösung der unvorhersehbaren und schwierigen Probleme einer pluralistischen und gerechten Gemeinschaft muß die Regeln des Plussummenspiels beachten. Die Zeiten ideologischer Kämpfe sind vorbei. Konkurrenz und Streit sollen heute zwischen intelligenten und gerechten Problemlösungen stattfinden.

Eine Demokratie, in der alle Akteure sich nur um eigenen Machtzuwachs und Durchsetzung bemühen, verspielt die Energie, die sie zur Bewältigung ihrer enormen Aufgabe benötigt. Der Zwang der politischen Parteien zur Stimmenmaximierung drängt sich in verschiedene »minipopuli« und in die deliberative Kommunikation, sie manipuliert und lähmt die Kraft der Vernunft. Die Dynamik der Beratung verträgt sich nicht mit der Dynamik der Durchsetzung des eigenen Willens. Der überforderte, von Parteienkämpfen und -manipulationen ermüdete Bürger sieht sich noch dem Einfluß eines »minipopulus« und der kommunikativen Macht ausgesetzt. Eine deliberative oder beratende Politik kann nur dann »vernünftige Sätze« – die Forderung von Habermas – produzieren, wenn die Akteure verantwortungsbewußt, sachorientiert und frei von den Zwängen der Stimmenmaximierung handeln können. Dazu muß das Macht- und Konkurrenzmodell nicht abgeschafft, sondern modifiziert werden. Der Wille zur Macht muß sich von eigennützigem und selbstsüchtigem Machtgenuß ablösen und in den Dienst der vernünftigen, schöpferischen Problemlösung stellen.

5. Fazit

Der Machtfaktor, im politisch-philosophischen Denken überwiegend unter negativem Vorzeichen behandelt, erfüllt im Bereich der praktischen Politik bestimmte Funktionen. Seit Beginn der politischen Geschichte war die personifizierte Macht des Herrschers die Voraussetzung für soziale Ordnung und Durchsetzung politischer Ziele. In den organisierten Hochkulturen war ausschließlich die königliche Gewalt maßgebend für Recht und soziale Gerechtigkeit. Erst die antiken Staatsphilosophen haben sich mit der Frage von Macht und Herrschaftslegitimierung intensiv auseinandergesetzt.

Die zwei großen philosophischen Schulen der Antike, die Sophistik und die Philosophie Platons, entwickelten unterschiedliche Grundpositionen zu Macht und Herrschaft. Nach den Sophisten gehört der Machtwille zur menschlichen Natur und ist daher die treibende Kraft von Kultur und Politik. Aus ihrer Sicht war die natürliche Ordnung und das innere Gesetz des Seins im *Recht der Stärkeren* verkörpert. Damit entfernten sie den Machtfaktor aus göttlicher und metaphysischer Ordnung und bezeichneten die Gebote der Ethik und den Willen der Götter als Waffen im Dienste der Schwächeren. Der selbständig denkende Mensch müsse sich von den Göttern, den eigenen Geschöpfen, lösen und durch eigene Klugheit eine Technik zur Selbsterhaltung und Einflußnahme erarbeiten.

Die relativistische Auffassung der Sophisten von Macht war eine zerbrechliche Grundlage für den sozialen Frieden. Die Herrschaft wurde in dieser Ordnung oft Beute von Tyrannen und Demagogen. Daher versucht die platonische Schule durch die Vorstellung einer Organisation der Herrschaft in einer hierarchischen Ordnung das Problem der Macht theoretisch zu lösen. Für Platon waren Macht und Vernunft unterschiedliche Größen. Herrschaft müsse durch Vernunft und ethische Gesetze geprägt sein; daher gehöre sie nicht zur Kategorie des Machtstrebens. Habgier und Machtwille hingegen seien die Hilfsmittel der Tyrannen und Demagogen, die sich von Sophisten beraten ließen.

Aristoteles geht – wie Platon – von der Ungleichheit der Menschen im normativen Sinne aus und versucht der von Vernunft geleiteten Herrschaft eine analytische Grundlage zu geben. Das Problem der Macht soll aus seiner Sicht durch eine angemessene politische Verfassung gelöst werden. Er behauptet, die von Natur aus gegebene hierarchische Ordnung der Gesellschaft liege im Interesse sowohl der Herrschenden als auch der Untertanen.

Im Mittelalter haben die christlichen Machthaber die Allmacht Gottes zu einem Politikum ersten Ranges erhoben. Im Anschluß an

Aristoteles findet auch hier eine Abkoppelung der Vernunft von der Macht statt. Der fürsorgliche Herrscher der Christen leitet seine Macht von Gott ab und interpretiert den verbindlichen Willen Gottes für die Untertanen. Weder die philosophischen Auffassungen noch die religiösen Interpretationen konnten dauerhaften und verbindlichen Schutz gegen den Machtmißbrauch der Tyrannen und die blutigen Kämpfe der Herrschenden liefern. Sie behielten ihren philosophisch-spekulativen Charakter oder mußten als religiöse Glaubenssätze ohne logische Grundlage von den Gläubigen hingenommen werden.

Die neuzeitliche Säkularisierungstendenz führte erneut zu Kontroversen über Sinn und Grenzen der weltlichen souveränen Herrschaft. Mit der Abschaffung der transzendierenden Macht gewinnt der Mensch mehr Entscheidungs- und Bewegungsfreiheit. Der entfesselte Wille zur Macht und das ständige Bemühen des Menschen um Selbsterhaltung führen zu blutigen Kämpfen und grauenvollen Bürgerkriegen. Um den permanenten Kampf der Individuen und der politischen Gemeinschaften um ihre eigenen Interessen und das daraus entstandene soziale Chaos zu bändigen, schlagen radikale Denker wie Thomas Hobbes vor, dem Herrscher die absolute Befehlsgewalt und Macht über die Bürger zu erteilen.

Erst im 17. Jahrhundert taucht die Idee auf, daß das Volk ein Recht auf Widerstand gegen den verfassungswidrig regierenden Herrscher haben soll. Allein das Parlament, ein Zusammenschluß von Repräsentanten, hat das Recht, die Gesetze zu verkünden. Somit wird die Idee der Teilung und der Kontrolle souveräner Macht Gegenstand der staatstheoretischen Auseinandersetzungen. Die bürgerlichen Freiheitskämpfe führen zur Aufklärung der Masse und am Ende des 18. Jahrhunderts zur Politisierung des Volkes.

Die unterschiedliche Einstellung zur politischen Macht und legitimen Herrschaft wurde im 20. Jahrhundert zum entscheidenden Merkmal der politischen Lager. Die Marxisten, die das Politische aus dem Ökonomischen ableiteten, sind davon ausgegangen, daß die Beseitigung der ökonomisch bedingten Klassengegensätze automatisch die etablierten Herrschafts- und Machtverhältnisse und damit Gewalt und Willkür aus der Welt schaffen werde. Die wahre Macht verdiene aber, wie in der platonischen Schule, die freie Unterwerfung des Volkes.

Die Bildung der liberalen Demokratie hat die Idee der politischen Freiheit und Gleichheit auf der nationalstaatlichen Ebene verwirklicht und Machtteilung und -kontrolle durch die verfassungsrechtlichen Maßnahmen gesichert. Dabei fiel dem Willen zur Macht eine spezifische Funktion zu. Die Demokratie funktioniert dann, wenn die freien Bürger ihre Verantwortung für die Machtübernahme und die Organisation der Herrschaft wahrnehmen. Voraussetzung dafür ist ein starker Wille zur Macht und die Bereitschaft zum Kampf gegen den politischen Gegner. Die Hauptakteure, wie Max Weber in seiner »Führerdemokratie« explizit erklärt, sind die Berufspolitiker, die um die Wählerstimmen konkurrieren. In der »Konkurrenzdemokratie« (Schumpeter) bestehen Analogien zwischen Marktabläufen und politischen Prozessen. Der Kampf der politischen Lager soll zur Überlegenheit einer der konkurrierenden Wirtschaftssysteme (Kapitalismus oder Sozialismus) führen.

Nach den Erfahrungen des 20. Jahrhunderts mit ungezügelter Macht und willkürlicher Herrschaft gewann die institutionelle Kontrolle der politischen Macht und ihre verfassungsmäßig gesicherte Teilung an Bedeutung. In den pluralistischen Demokratien der Nachkriegszeit wurden die organisierten Gruppen und die politischen Parteien Träger der Macht (Fraenkel). Es wäre verfehlt, die institutionell geregelte und kontrollierte Macht zu dämonisieren; sie muß durch die demokratischen Techniken vor Mißbrauch geschützt werden. Die individuellen Machtkämpfe wurden im Pluralismus in die Parteien verlegt. Politische Freiheit und Gleichheit geben jedem Bürger Gelegenheit, den eigenen Interessen nachzugehen und sie zu organisieren. Regieren können diejenigen, die imstande sind, den eigenen Willen zum Mehrheitswillen zu machen. Dafür müssen die Parteien im Innern durch Solidarität geleitet werden und nach außen Gegner bekämpfen. Machtstreben und Machterhalt sind primäre Ziele der Berufspolitiker und Voraussetzung für die Übernahme der politischen Verantwortung.

Die Demokratie kann heute tyrannischen Machtmißbrauch verhindern. Trotzdem führen viele Techniken des Machterwerbs und Konkurrenzkampfes und vor allem der Zwang von Berufspolitikern zur Stimmenmaximierung oft zu Korruption und politischem Skandal. Die Notwendigkeit des Machtwillens wurde von den Staatstheoretikern durch die Logik der Handlungssituation und die

Interessen der Menschen an Selbsterhaltung begründet. Durch Technisierung und steigende Abhängigkeit hat die Selbsterhaltung sich zu einer vielschichtigen Aufgabe entwickelt und eine globale Dimension erhalten.

Die Demokratie steht heute vor der Frage, wie die Ideale der politischen Freiheit und Gleichheit angesichts der Komplexität der Verhältnisse mit Gemeinsinn und friedlicher Konfliktregulierung zu vereinbaren sind. Wie kann der rücksichtslose individualistische und oft aggressive Machtwille von Vernunft und verantwortungsbewußtem Handeln gemäßigt werden? Und schließlich: Kann die Demokratie sich vom Ballast eigennützigen, korrupten Machtwillens befreien und sich planend und vorausschauend auf langfristige Ziele konzentrieren?

III. Konkurrenzkampf und seine Folgeprobleme

Das Bild des Menschen spielte bei der Lösung der Macht- und Herrschaftsproblematik eine bedeutende Rolle. Der Mensch wurde als Träger der Macht Gegenstand philosophischer, theologischer und ideologischer Interpretationen. In den letzten Jahrzehnten haben die Wissenschaften, die sich intensiv mit dem Menschen und seinem Verhalten beschäftigten, die Frage aufgeworfen, ob es eine eindeutige Natur des Menschen gebe. Ist der Mensch nicht selbst der Gestalter seines Lebens und kann er daher nicht Herr über die politischen Prozesse werden?

Die Demokratie gibt den Menschen die Freiheit, die eigenen Interessen zu verfolgen und die eigene Macht zu steigern. Hat der Berufspolitiker Möglichkeit und Freiheit, sachliche und gerechte Entscheidungen zu treffen, auch wenn diese dem Publikumsgeschmack nicht entsprechen? Warum hat die Stimmenmaximierung in der Demokratie Vorrang vor ernsthaften Problemlösungen? Sind nicht die ständigen Machtspiele Hauptursachen der politischen Skandale und des Machtmißbrauches? In schwierigen Zeiten, in denen keine Alternativlösungen anzubieten sind, scheint der Rufmord des Gegners der einfachere Weg zu sein, um die eigene Macht zu steigern.

Befindet sich die Demokratie nach dem Zusammenbruch des marxistisch-leninistischen Regimes in einer Siegeskrise? Kritiker der liberalen Demokratie sind heute nicht mehr äußere Feinde, die die Demokratie durch ihre eigenen Vorstellungen ersetzen wollen. Die freiheitliche Ordnung muß sich nach Meinung dieser Kritiker von innen reformieren und modifizieren. Darüber wird in diesem Kapitel berichtet.

1. Das politische Bild des Menschen und sein Wandel

Seit Beginn des 20. Jahrhunderts ist die Frage nach der Natur des Menschen Gegenstand polemischer Auseinandersetzungen. Das Menschenbild entwickelte sich zu einem entscheidenden Merkmal der Ideologien und politischen Richtungen und beeinflußte die Rolle des Individuums im politischen Prozeß. Die Streitfrage lautete, ob der Mensch von Natur aus *gut* oder *böse* sei. Carl Schmitt, der wirkungsvollste und zugleich der umstrittenste Vertreter der deutschen Staatsphilosophie zwischen dem Ersten und Zweiten Weltkrieg, stand an der Spitze des konservativen Lagers. Während die Humanisten behaupteten, der Mensch sei gut und zur Freiheit geboren, setzte Carl Schmitt dieser These das Dogma von der Sündhaftigkeit und Verworfenheit der menschlichen Natur entgegen.

In seiner Schrift *Politische Theologie* erläutert Schmitt die verschiedenen politischen Ideen, die zur Natur des Menschen Stellung nehmen: Die Rationalisten der Aufklärung gingen davon aus, daß der Mensch von Natur aus dumm und roh, aber erziehbar sei. Der *Législateur* sei nach dem Gesellschaftsvertrag Rousseaus dazu imstande, die ungebildeten Menschen zu erziehen. Für den marxistischen Sozialismus sei diese Frage nebensächlich, da sich mit der Lösung der ökonomischen und sozialen Probleme die Natur des Menschen automatisch ändern würde.

Die atheistischen Anarchisten sahen den Menschen als gut an und behaupteten, alles Böse sei die »Folge theologischen Denkens und seiner Derivate«.[1] Der katholische Christ hingegen ging von dem Dogma der Erbsünde aus. Es handelte sich um eine religiöse und politische Entscheidung von ungeheurer Aktualität, nämlich um die *blutige Entscheidungsschlacht*, die in dieser Zeit »zwischen

1 Carl Schmitt, 1979, S. 73.

dem Katholizismus und dem atheistischen Sozialismus entbrannt«[2] war.

Auch Carl Schmitt behauptete: Es liegt im Wesen des *bürgerlichen Liberalismus*, der Entscheidung dieser Schlacht auszuweichen und alles in Diskussionen ausufern zu lassen. Die bürgerlichen Liberalen seien »eine Klasse, die alle politischen Aktivitäten ins Reden verlegt, in Presse und Parlament«; sie versucht, »den König durch das Parlament zu paralysieren«.[3] Der bürgerliche Liberalismus ist der Schrittmacher der Anarchie, der alles in ein *ewiges Gespräch* umwandelt, und schließlich werde diese Flut der Demokratie die letzten Bastionen der Ordnung hinwegspülen.

Max Weber stand an der Seite der *Bürgerlich-Liberalen*. Ihn beschäftigte die Frage, wie innerhalb der totalen »Bürokratisierung« und »Verapparatisierung« dieser Epoche die letzten individualistischen Bewegungsfreiheiten gerettet werden könnten. Logischerweise konnte Max Weber, im Gegensatz zu Carl Schmitt, das katholische Menschenbild nicht vertreten, da für ihn Christentum und Politik absolut unvereinbar erschienen. Er stellte die Verantwortungsethik über die christliche Gesinnungsethik und lehnte letztere als politische Handlungsmaxime ab. »Der Christ tut recht und stellt den Erfolg Gott anheim«[4], der Politiker hingegen müsse die Folgen seines Tuns verantworten. Die »absolute Ethik des Evangeliums« war für ihn lächerlich. »Das evangelische Gebot ist unbedingt und eindeutig: gib her, was du hast – alles, schlechthin. Der Politiker wird sagen: eine sozial sinnlose Zumutung, solange es nicht für alle durchgesetzt wird... oder: ›Halte den anderen Backen hin!‹ Unbedingt, ohne zu fragen, wieso es dem anderen zukommt, zu schlagen. Eine Ethik der Würdelosigkeit – außer: für einen Heiligen.«[5]

Weber verachtete nicht die menschliche Natur; er lehnte bloß die voreingenommene, blinde Vorstellung von der absoluten Verworfenheit und Schlechtigkeit des Menschen ab und glaubte an eine dynamische Wandlungsfähigkeit des *homo sapiens*. Friede und

2 Ebd., S. 75.
3 Ebd., S. 76
4 M. Weber, 1971, S. 551.
5 Ebd., S. 550.

Menschenglück waren für ihn jedoch Zukunftsträume und gehörten nicht zu den derzeitigen internationalen Machtkämpfen beim »Kampf ums Dasein«. Dafür müßten »Kampfmenschen« mit hohen Qualitäten herangezüchtet werden. Die höchste Bestimmung des Menschen sah er in menschlicher Größe und nicht in menschlichem Glück: »Nicht das Wohlbefinden der Menschen, sondern diejenigen Eigenschaften möchten wir in ihnen emporzüchten, mit welchen wir die Empfindung verbinden, daß sie menschliche Größe und den Adel unserer Natur ausmachen.«[6]

Der Gegensatz zwischen politisch unterschiedlichen Systemen war nach dem Zweiten Weltkrieg auch in ihren unterschiedlichen Menschenbildern manifestiert. Die Vertreter der marxistisch-leninistischen Systeme waren von der Prämisse ausgegangen, der Mensch sei von Natur aus gut; die äußeren Einflüsse und die schlechte Umwelt führten ihn in den Abgrund. Die Aufgabe des Staates bestehe darin, die Menschen zu ihrer Bestimmung zu zwingen. Der Pluralismus legte hingegen seinem Demokratiebegriff die auf der christlichen Tradition beruhende Anthropologie zugrunde, nach welcher der Mensch zwar in der Lage sei, das Gute zu erkennen, es ihm aber verwehrt sei, es jemals voll zu verwirklichen.[7] Dieses Menschenbild unterschied sich, außer in der Wortwahl, kaum von demjenigen des Carl Schmitt. Weder das totalitäre noch das christliche Menschenbild hat einen empirischen Hintergrund. Dem ersteren liegt eine Ideologie zugrunde, das letztere entstammt einem religiösen Dogma.

Das Bild des verwerflichen Menschen stammt ursprünglich aus der Geschichte von Adam und Eva im Alten Testament. Durch den Glauben an Christus sollten Menschen von der Sündhaftigkeit und Bösartigkeit befreit werden. Für die politische Praxis war es wahrscheinlich vorteilhafter, sich am alttestamentarischen Dogma auszurichten und die Tatsache der Befreiung des Menschen nach dem Neuen Testament außer acht zu lassen. Dadurch konnte das Blutvergießen im Krieg, und natürlich der Krieg selbst, als heiliger Akt glorifiziert und gelobt werden. »Durch das Blut ist der Mensch schuldig, durch das Blut wird er erlöst. Mit anderen Worten, es

6 Ebd., S. 12f.
7 Vgl. Ernst Fraenkel, 1991, S. 271.

gibt eigentlich nur *einen* guten Menschen, und das ist ein toter Mensch.«[8]

Zur Versöhnung mit Gott braucht der Staat Exekutoren wie Henker und Soldaten. »Die Blutvergießer-Funktion des ›Soldaten‹ und des ›Henkers‹ ist für die Ökonomie des Seelenheils der Menschheit unerläßlich.«[9] Die politischen Theoretiker, welche die Verbindung dieser religiösen Dogmen mit der Staatslehre und Kriegsphilosophie erläutert haben, werden ausführlich in Carl Schmitts Schriften vorgestellt und kommentiert. Schmitt kommt zu der Schlußfolgerung: Gegen das absolut Böse und die absolute Sündhaftigkeit und Verworfenheit, gegen rebellischen Individualismus und ununterdrückbares Chaos gibt es nur die *Diktatur.*

Mit dem Pluralismus setzte Ernst Fraenkel wiederum das jüdisch-christliche Menschenbild dem messianischen Staatsdenken des modernen Totalitarismus, »das Erbe Rousseaus im europäischen Denken«,[10] entgegen. Die Vorstellung einer gerechten Gesellschaftsordnung ist für ihn ein Wunschtraum, da in der Realität der Mensch »in seinem politischen Handeln weitgehend von dem Bestreben motiviert ist, seinen Interessen bestmöglich zu dienen und seine Bedürfnisse bestmöglich zu befriedigen«.[11] Die Vorstellung des *Kampfes* – natürlich um Mehrheitsgewinnung – spielt in Fraenkels Schriften eine zentrale Rolle.

In den letzten Jahrzehnten haben die verschiedenen Wissenschaften – Psychologie, Soziologie, Ethnologie und Geschichte –, die sich mit dem Menschen und seiner Entwicklung beschäftigten, reiche Erkenntnisse über die Erlernbarkeit und Veränderbarkeit des menschlichen Verhaltens gewonnen. In den 70er und 80er Jahren wurden durch intensive Forschungsarbeiten auf dem Gebiet der politischen Kultur[12] und der Demoskopie viele Fragen zur Lernfähigkeit und zum Wandel des Menschen aus dem obskuren Bereich der Dogmen und Ideologien herausgenommen.

Wie bekannt, kann es eine eindeutige *Natur des Menschen*

8 Nicolaus Sombart, 1991, S. 68 (Hervorhebung im Original).
9 Ebd., S. 68.
10 E. Fraenkel, 1991, S. 271.
11 Ebd., S. 271.
12 Dirk Berg-Schlosser, 1990, S. 30–46.

nicht geben. Der Mensch hat die Fähigkeit, sich *gut* und/oder *böse* zu verhalten. Durch die Erziehungswissenschaft ist die politische Formbarkeit und Veränderbarkeit des menschlichen Verhaltens – unter Berücksichtigung der Milieu- und Erbbedingungen – von den spekulativen Fesseln der Ideologien und Dogmen befreit worden. Die Geschichte Deutschlands, vom Kaiserreich bis zur Wiedervereinigung, zeigt neben historischen Ereignissen eine ständige Änderung und Umwandlung der politischen Einstellungs- und Verhaltensmuster. Diese Entwicklung ist ein Indiz dafür, daß das *Menschenbild* neben allen anderen sozialen und kulturellen Faktoren einer ständigen Wandlung unterworfen ist. Der Mensch bestimmt die politischen Ereignisse und wird von diesen auch beeinflußt. »Der Mensch ist der Schöpfer seines Lebens als eines menschlichen; er fügt die Umstände seinem Willen und Bedürfen, und außer gegen den Tod ist er niemals ratlos.«[13]

Um die Gefahr des totalen Staates zu bannen – behaupteten die Theoretiker des Pluralismus –, müsse den Menschen die Freiheit gegeben werden, den eigenen Vorteilen nachzugehen. Die *Verfolgung des Eigeninteresses* hat in der liberalen Demokratie einen symbolischen Wert für die politische und wirtschaftliche Freiheit. Dieses Gebot muß angesichts der vorliegenden ernsten Probleme wie Vernichtung der Natur durch technische Intervention des Menschen und steigende Aggressions- und Gewaltausbrüche in der Gesellschaft neu überdacht werden. Was sind die vitalen Interessen der Individuen? Welche Interessen sollen in unseren Überlegungen Priorität bekommen? Ist es nicht ein Gebot der Klugheit, wie der Philosoph Hans Jonas uns ermahnt, die Gans nicht zu schlachten, welche die goldenen Eier legt, und den Ast nicht abzusägen, auf dem wir sitzen? Die fiktive Verworfenheit der menschlichen Natur kann nicht länger als Entschuldigung für die aggressiv-kämpferischen und egoistischen Verhaltensweisen dienen. Das realistische Bild des Menschen, seiner schöpferischen Kraft und seiner Entscheidungsfreiheit, veranlaßt die politische Theorie, Wege und Methoden zu suchen, um die individuelle Verantwortung stärker in die Struktur der Demokratie einzubinden.

13 Hans Jonas, 1984, S. 18.

2. Berufspolitiker und taktische Zwänge

Die Sorge der Gründer der Liberaldemokratie war zu Beginn nicht Mißbrauch der Macht, sondern mangelnde politische Bildung der Bürger und der Wille zur Ohnmacht. Streben nach Macht müsse das erste Gebot für den Berufspolitiker sein und im Mittelpunkt seines politischen Handelns stehen. Die Macht war »um ihrer selbst willen, um das Prestigegefühl«, das sie genießen läßt, eine wichtige Voraussetzung für Wirksamkeit und Leistung. Weber war sich bewußt, welche Folgen solche Vollmachten für einen Politiker als »charismatischen Demagogen« mit sich bringen können. »Die Sünde gegen den heiligen Geist seines Berufes aber beginnt da, wo dieses Machtstreben unsachlich und Gegenstand rein persönlicher Selbstberauschung wird, anstatt ausschließlich in den Dienst der ›Sache‹ zu treten.«[14] Weitere Todsünden auf dem Gebiet der Politik seien Unsachlichkeit und Verantwortungslosigkeit. Da der Politiker gezwungen ist, auf Wirkung zu setzen, bestehe die Gefahr, daß er die Folgen seines Tuns auf die leichte Schulter nimmt.

Wie wir im letzten Kapitel festgestellt haben, geht das Konkurrenzmodell der Demokratie von einem »fabrizierten Willen« aus. Schumpeter vermeidet den Weberschen Ausdruck »demagogische Mittel«. Ursprünglich Ökonom, findet er Analogien zwischen der Art und Weise, in der Volkswille fabriziert wird, und der kommerziellen Reklametechnik. Er ist sich der Grenzen dieser Psychotechnik bewußt und stimmt mit Abraham Lincoln überein, daß es unmöglich sei, »ständig das ganze Volk zum Narren zu halten«.[15] Da der Mensch mitunter für seine Ideale gern lüge, räumt Schumpeter ein, daß »eine wirksame Information beinahe immer verfälscht oder ausgewählt ist«.[16] Langfristig kann man das Volk nicht betrügen, deshalb gilt nur das kurzfristige Versprechen, das politisch zählt, und nur die kurzfristige Rationalität, die sich wirksam durchsetzt. Kämpfen, Lügen, leere, aber zweckmäßige Versprechungen und die Taktik, einen fabrizierten Willen für das Volk zu entwikkeln, um damit die Wahlen zu gewinnen – das sind wichtige Ele-

14 M.Weber, 1968, S. 52.
15 J. A. Schumpeter, 1987, S. 420.
16 Ebd., S. 419.

mente des demokratischen Systems. Schumpeter bejaht alle diese Übel, solange keine bessere »Alternative« zu demokratischen Wahlen und zur Konkurrenz der Parteien vorhanden ist.[17]

Der Webersche Traum vom Berufspolitiker ist in heutigen Demokratien längst erfüllt. Auf allen Ebenen hat sich, wie das Soziologenpaar Erwin K. und Ute Scheuch in einer Studie feststellt, in der Bundesrepublik – aber auch in allen anderen Demokratien – »ein neuer Typus von Politikern herausgebildet: der Berufspolitiker. Er macht Karriere, ohne sich durch nennenswerte Erfahrungen in einem Beruf praktische Fachkenntnisse angeeignet zu haben. Er ist seinem Selbstverständnis nach vielseitig einsetzbar und profiliert sich, indem er Politik als Medienereignis inszeniert.«[18] Die Scheuch-Studie zeigt an konkreten Beispielen, wie die politische Klasse sich von der übrigen Bevölkerung abgeschottet hat. Das Kriterium für die Wahl der Kandidaten ist nicht Sachkompetenz der Akteure, sondern ihre Zugehörigkeit zu »Cliquen und Klüngel«. Dieses System des Berufspolitikertums hat zur Verarmung der Qualität der politischen Klasse geführt. Die mangelnde Kompetenz der verantwortlichen Akteure führt in die Krise, wenn außergewöhnliche Aufgaben bevorstehen. Sachfragen sind nicht Hauptzweck der Politik, so der Bericht, sie werden vielmehr zum Zwecke der Machtgewinnung ständig von den Berufspolitikern instrumentalisiert.

Wenn wir zur Demokratietheorie zurückkehren, stellen wir fest, daß für die Regierungsbildung der Machtgewinn Vorrang vor der Sachkompetenz hat. Der ständige zeitraubende Kampf um Macht erlaubt dem Politiker nicht, sich einem anderen Beruf zu widmen und Erfahrung zu sammeln. Machtvolle Parteien und machtbewußte Politiker sind wesentliche Elemente des Pluralismus. Die politische Theorie bietet keine andere Handlungsorientierung. Sachliche Beschäftigung mit den Existenzfragen der Politik ist mit dem gnadenlosen Kampf gegen Konkurrenten und den Sorgen um eine Vertragsverlängerung schwer zu vereinbaren. Mit Recht bezweifeln Erwin K. und Ute Scheuch, ob kompetente Personen sich angesichts der Umgangsformen und Spielregeln »an der Basis« überhaupt für eine Kandidatur bereit erklären.

17 Ebd., S. 457.
18 Erwin K. und Ute Scheuch, 1993, S. 2.

Diese Defizite der Demokratie werden auch von Hans Herbert von Arnim ausführlich dokumentiert. Er führt das Beispiel der Steuerlüge vor der Bundestagswahl 1990 an und behauptet, dem Volk könnte nur dann Verantwortung und Bürgersinn abverlangt werden, wenn die Regierung die Wähler rechtzeitig informiert und aufgeklärt hätte. Diese legitimen Erwartungen an Sachlichkeit, Ehrlichkeit und Mut für unpopuläre Entscheidungen in der Politik sind angesichts der Spielregeln der Konkurrenzdemokratie schwer zu realisieren. Wenn man sich das Beispiel der Bundestagswahl 1990 vor Augen führt, muß man bei objektiver Beurteilung zugeben, daß vor der Wahl erstens das Ausmaß der Problematik nicht vorauszusehen war, und daß zweitens die unangenehmen Prognosen, wie z. B. Steuererhöhungen, in einem Wahlkampf, auch wenn sie wahr wären, mit Sicherheit zum Stimmenverlust des Kandidaten führen würden. Stimmeneinbuße bedeutet in der Konkurrenzdemokratie politischen Selbstmord für den Politiker, genauso wie für die politischen Parteien.

Die demokratischen Regeln des Machterwerbs und Machterhalts haben noch immer ihre Gültigkeit, obwohl die sozialen Verhältnisse sich völlig geändert haben. Gewandelte Funktion und verändertes Erscheinungsbild der Parteien sind seit mehr als zwei Jahrzehnten Gegenstand wissenschaftlicher Diskussionen. Die Parteien sind nicht mehr in sozialmoralischen Milieus verankert. Die Entwicklung der Volksparteien ist ein Hinweis darauf, daß sie nicht mehr Ausdruck der tiefen Spaltungen im politischen System sind. Seit den achtziger Jahren stellen kritische Forscher bei Volksparteien eine Umwandlung zu »inhaltslosen Allerweltsparteien« [19] fest, deren wichtigste Aufgabe effektiver Wahlkampf zum Zwecke der Stimmenmaximierung und Regierungsbildung sei. Die Scheuch-Studie sieht in dieser Entwicklung das Aufkommen eines Systems von Vorteilsnahmen und eine damit verbundene »Schattenpolitik«. Außerdem werden die westlichen Demokratien ständig von den Wellen der Korruptionen und Skandale erschüttert, die zu risikohaftem Politikfrust, Vertrauensschwund und steigender Wahlverweigerung der Bürger geführt haben.

Der fortschreitende Bildungsprozeß und zunehmende Wertedis-

19 Ebd., S. 14.

sens »haben vorher selbstverständlichen Annahmen staatlicher Politik ihre Grundlage entzogen«.[20] *Investigative Journalisten* und kritische Fachleute finden bei machtskeptischen Bürgern immer mehr Zustimmung. Nicht nur eine wachsende Bereitschaft für politische Mitbestimmung und Ablehnung von Machtmißbrauch und Korruption, sondern außerordentliche Komplexität der politischen Prozesse, die ohne Professionalität, Sachkenntnis und Detailkompetenz allein auf der Basis der tradierten Regelungsmechanismen nicht zu steuern sind, verlangen eine kritische Überprüfung der demokratischen Strukturen, die den Machtmißbrauch und *das System der Vorteilsnahme* begünstigen.

3. Machtmißbrauch und Korruption

Durch die intensiven Kommunikationsmöglichkeiten und allgemeine politische Bildung hat die öffentliche Sensibilität für die Formen politischer Machtausübung und politischer Inhalte erheblich zugenommen. Korruption ist sicherlich kein neues Phänomen, aber die Zeiten, in denen Bestechungen, Schiebereien und Kumpaneien nichts geändert haben, sind vorbei, weil, wie der Soziologe Sighard Neckel beschreibt, »die Zeiten, in denen sich nichts änderte, selbst vorüber sind«.[21] Über Skandale urteilt die öffentliche Meinung heute kritischer, da das wachsende allgemeine Interesse an staatlichen Aktivitäten weniger politische Exklusivität verträgt und große Teile der öffentlichen Meinung darin einen staatlich illegitimen Akt sehen.

Die individuellen Machtkämpfe sind im Pluralismus innerhalb der Partei verlagert worden. Dadurch sieht sich der Politiker auch oppositionellen Regungen in den eigenen Reihen ausgesetzt. Der sarkastische Slogan »Feind, Erzfeind, Parteifreund« weist auf eine bittere Tatsache hin, mit der ein aktiver Politiker täglich fertig werden muß.

Unter Berücksichtigung des Machtzwangs, dem ein Politiker

20 Sighard Neckel, 1990, S. 7.
21 Ebd.

ständig ausgesetzt ist, muß zugegeben werden, daß die heute praktizierte Demokratie Vorteilsnahme, Machtmißbrauch und Korruption strukturell begünstigt. Die Mechanismen zur Machtkontrolle haben keinen großen Spielraum, da das Wesen der Interessenvertretung auf Kampf basiert und das Recht auf Opposition die politischen Parteien zwingt, die eigenen Interessen durchzusetzen. Die Maßnahmen, welche die Macht in ihrem freien Spiel behindern könnten, saugen die Lebenskraft und die Vitalität einer liberalen Demokratie auf, die auf Machtkampf und auf Gewinn und Verlust basiert. Die Forderungen eines »fair-play« gehen nicht so weit, daß sie den Machtmißbrauch verhindern können.

Die Korruption geht wie ein Gespenst in westlichen Demokratien um. »Das Auftauchen neuer Formen der Korruption im 20. Jahrhundert«, wie Paul Noack Mitte der 80er Jahre schrieb, »läßt auf gesellschaftlich-wirtschaftlichen Wandel schließen«.[22] Bis jetzt dachte man, kulturelle Defizite[23] und Armut seien Hauptursache der Korruption. In Europa sind es aber die Wohlhabenden, deren Gier nach Reichtum und Macht keine Grenzen kennt. Selbst im Mutterland des Parlamentarismus beschuldigt man Ex-Premierministerin Margaret Thatcher, ihr Sohn sei während ihrer Regierungszeit zwanzigfacher Millionär geworden. In Frankreich sorgte der Aids-Bluter-Skandal für viel Ärger. Das staatliche Transfusionszentrum gab dort wissentlich Aids-verseuchte Blutkonserven ab. Mehr als 1200 Bluterkranke wurden angesteckt, mehr als 250 sind gestorben. In Dänemark machten der Rechnungs- und Gebührenskandal, in Spanien der Immobilien- und Eisenbahnskandal Schlagzeilen, von Italien ganz zu schweigen. Es gibt kaum ein Land unter den westlichen Demokratien, das nicht von den Wellen der Skandale und Korruption erschüttert ist.

Probleme des Machtmißbrauchs und der Korruption können im Rahmen des Spannungsgeflechts der liberalen Demokratien besser begriffen werden. Max Weber versucht, in Anlehnung an liberale Ideale, die Bürger im allgemeinen und die Berufspolitiker im besonderen von der hierarchisch geordneten konservativen Gesellschaft zu befreien und zu persönlicher Leistung und zum Konkurrenz-

22 Paul Noack, 1985, S. 12.
23 Ebd., S. 8 f.

kampf anzuhalten. Im Kern war der Liberalismus eine anti-etatistische Philosophie und hatte zum Ziel, die individuellen Freiheiten gegenüber staatlichen Zwangsmaßnahmen zu schützen. In der liberalen Theorie muß der politische Prozeß offen und zugänglich sein. Die Privatsphäre soll dagegen vor dem Zugriff des Staates bewahrt werden. Die ursprüngliche Idee der Demokratie verlangt aber die Unterordnung des Individuums unter kollektive staatliche Maßnahmen. Sie favorisiert Partizipation und Gleichheit und fordert politische Macht des Staates. Max Webers Ziel war die Verbindung verschiedener Elemente des Liberalismus mit der Demokratie. Die neuzeitliche Definition der liberalen Demokratien verschleiert die Tatsache, »daß liberale und demokratische Traditionen oft ein eher problematisches und kritisches Bündnis eingegangen sind«.[24]

Die liberalen Demokratien versuchen durch die strenge Institutionalisierung von konkreten Verfahren die Heimlichkeit und die Willkür, die der Ausübung politischer Macht eigen sind, in Schranken zu halten. Politische Skandale sind die Fälle, in denen im Interesse einer effektiveren Ausübung politischer Macht gegen demokratische Verfahren verstoßen wird. Die Aufdeckung von Skandalen ist Bestandteil der Demokratien und trägt zur Bestätigung der demokratischen Werte bei. Sie führt gleichzeitig zu einem zynischen Verhältnis der Bürger gegenüber allen politischen Institutionen. Die Verteidiger der liberalen Demokratien legen viel Wert auf die offenen und an der Öffentlichkeit orientierten Verfahren. Konservative Kritiker weisen darauf hin, daß das leidenschaftliche Beharren auf dem Verfahren den effektiven Gebrauch staatlicher Macht ausschließe.[25] Den einzigen Ausweg aus diesem Dilemma sehen die Skandalforscher in der Anerkennung »unausweichlicher Notwendigkeit politischer Skandale«.[26] Die lange Liste der politischen Affären zeigt aber, daß an diesem Grundsatz nur auf Kosten der Glaubwürdigkeit der Politiker festgehalten werden kann.

Die Bundesrepublik ist von dieser ansteckenden Krankheit auch nicht verschont geblieben. Bald könnten die Kritiker ein Lexikon politischer Skandale verfassen: Amigo-Affäre, Aufguß des Bar-

24 Andrei S. Markovits/Mark Silverstein, 1989, S. 156.
25 Vgl. Michael J. Crozier/Samuel P. Huntington/Joji Watanuki, 1975.
26 A. S. Markovits/M. Silverstein, 1989, S. 164.

schel-Skandals, Briefbogen-Affäre, Gehälter-Affäre, Putzfrau-Affäre, Rotlicht-Affäre, Traumschiff-Affäre. Die Zahl der Skandale steigt ständig, und die Konsequenzen sind, trotz »aktiven Engagements«, Vertrauensschwund der Bürger und Politikverdrossenheit. Skandalforscher sehen darin ein Zeichen tiefgreifender Struktur- und Entwicklungsprobleme unserer Gesellschaft und ihrer demokratischen Verfassung.[27]

In der liberalen Demokratie sind Machtmißbrauch und Korruption systemimmanent. Die »unsicheren Mehrheits- und Machtverhältnisse« werden als wichtigste Ursache der Korruption genannt. Die demagogischen Mittel (Max Weber), die einen freien Wettbewerb (Schumpeter) effektiver gestalten und Veränderungen im Publikumsgeschmack zugunsten der jeweiligen Partei hervorrufen, sind legitimiert und gehören zu den Spielregeln. Genau diese Mittel werden in der Skandalforschung als häufigste Ursache der Korruption diskutiert. Nicht faktische Korruption, sondern die Inszenierung von Korruptionsvorwürfen als Machtmittel in der politischen Konkurrenz wurden in den letzten Jahrzehnten zur Beseitigung des politischen Gegners eingesetzt. »Ist der Ruf des Gegners erst ruiniert, skandaliert es sich ganz ungeniert.«[28] Dies ist das Motto der Wahlkampfstrategen, die durch Professionalisierung, Kommerzialisierung und Technisierung die Wahlkampfführung effektiver zu gestalten versuchen.

Wie reagiert die nicht mehr passive, zu aktiver Teilnahme und Urteilskraft, statt zu Gefolgschaft und politischer Ohnmacht bereite Wählerschaft darauf? Vergleichende Studien zeigen ein ständig zunehmendes Interesse der Bürger für die Politik in allen EU-Staaten.

Die Volksparteien und ihre Kandidaten stehen vor schwierigen Aufgaben. Durch die soziale Umschichtung, die Bildungsexpansion und die machtbewußten Massenmedien sehen sich die Parteien einer Wählerschaft gegenüber, die viel schwieriger zu beeinflussen ist als vor 60 Jahren. Hans Apel beispielsweise versucht die Probleme einer Volkspartei und die komplexe Sachlage am Beispiel der »Wende 1982« in seinem Buch *Die deformierte Demo-*

27 Rolf Ebbighausen, 1989, S. 176.
28 Roland Roth, 1989, S. 213.

kratie zu verdeutlichen.[29] Die SPD mußte 1982, vor dem Ende der sozial-liberalen Koalition, die neuen Ansprüche wie Friedenspolitik durch Abrüstung, Nullwachstum zugunsten der Umwelt, Eigenverantwortung und Dezentralisierung mit den herkömmlichen Positionen der Politik, NATO-Doppelbeschluß, Wirtschaftswachstum und Wohlstand, Staatsfetischismus und organisierte soziale Sicherheit, verbinden. Bei dieser Gratwanderung haben die Zentrifugalkräfte innerhalb der Partei die Koalition zu Fall gebracht.

Um den eigenen Absturz zu verhindern, greifen die Politiker oft zu Mitteln und Methoden, deren spätere Aufdeckung schockartige Reaktionen auslöst. Die Kontrollmechanismen sind nicht immer in der Lage, den Machtmißbrauch zu verhindern. Die Spielregeln der Macht im Pluralismus sind dafür entwickelt worden, um ein Machtgleichgewicht zu erreichen. Machtgewinne des Gegners bedeuten eine Gleichgewichtsstörung und müssen durch eigene Machtsteigerung kompensiert werden. Es liegt im Wesen und in der Logik des »Rechts auf Opposition« und »Mehrparteienprinzips«, die Macht des Gegners zu schwächen, damit die eigene Macht verstärkt wird.

Die Geschichte der Realpolitik beginnt »mit dem Verzicht auf ethische Zielsetzungen und Macht als einzigem Inhalt«.[30] Ein erheblicher Teil der Forscher und Zeitkritiker teilen die Feststellung der Scheuch-Studie, daß in der Politik Sachverstand und Wille zur Problemlösung fehlen. »Bei den heutigen Berufspolitikern kommt es kaum auf die konkreten Inhalte an, sondern auf Konsens über das hehre Ziel, etwas ›vom Tisch zu bringen‹.«[31] Die ernsthaften Problemlösungen, die sich die Bürger wünschen, werden von der Demokratietheorie nicht als erstrangige Aufgabe gesehen.

Die Appelle und kritischen Äußerungen über die Machtbesessenheit der Politiker berühren nicht die fundamentale Stellung des willkürlichen Machtwillens in der Demokratietheorie. Die Macht hat seit Beginn der politischen Geschichte als ausschlaggebende

29 Hans Apel, 1991, S. 45.

30 Vgl. Gunter Hofmann, Bonner Bühne, Macht und Moral. In: Die Zeit v. 19. Februar 1993.

31 Vgl. Erwin K. Scheuch, Das ganze System kommt ins Rutschen. Die »Partei der Nichtwähler«. In: Rheinischer Merkur v. 12. März 1993.

Ursache das politische Geschehen beherrscht und determiniert. Diese einfache Überlegung hat, wie Niklas Luhmann, Soziologe und Systemtheoretiker, argumentiert, einen »naturrechtlichen« Hintergrund.[32] Die kausale Machttheorie setzt eine Natur des Menschen mit bestimmten überschaubaren Bedürfnissen in einem ewig gleichbleibenden Ordnungsgefüge voraus.

In der alteuropäischen Gesellschaftsphilosophie standen die Befriedung des Menschen und seine Wesensverwirklichung als humane und überschaubare Aufgabe im Mittelpunkt der staatlichen Aktivitäten. Diese alteuropäische Denkvoraussetzung wurde später in allen Wissenschaftszweigen durch eine Theorie variabler und anpassungsfähiger Systeme ersetzt. Die Offenheit und die Dynamik dieser Systeme lassen eine Vielzahl von Verhaltensmöglichkeiten und einen ständigen Wandel zu. Eine adäquate Machttheorie steht, wie Luhman argumentiert, noch aus. »Wer die Hypothese ernst nimmt, daß Macht eine bestimmte Ursache bestimmter Wirkungen sei, muß bei sorgfältiger Prüfung zu dem Ergebnis kommen, daß die Machttheorie für komplexe soziale Systeme nicht tauge.«[33]

4. Demokratiekritik und sozialer Wandel

Die Vorstellungen, die sich seit der Französischen Revolution mit dem Begriff der Demokratie verknüpften, haben ständige Kontroversen ausgelöst. Die liberale Demokratie fand sich im Laufe ihrer Entwicklung bedroht von autoritären und totalitären Tendenzen von rechts und links, die eine andere Ordnung anstrebten. Der interne Streit um mehr Demokratisierung zielte hingegen nicht auf die Überwindung der repräsentativen Demokratie, sondern auf deren Erweiterung. Die kritischen Einwände gegen die Demokratie werden von ihren Verteidigern nicht als Zeichen der Schwäche, sondern als Beweis für ihre Zukunftsoffenheit und Dynamik bewertet.[34]

32 Niklas Luhmann, 1962, S. 153.
33 Ebd., S. 151.
34 Vgl. Manfred Hättich, 1991. Außerdem Kurt Lenk, 1991, S. 993–989.

Um die Jahrhundertwende setzte sich die pluralistische Demokratie, in der die verschiedenen Gruppen – wie Klassen, Interessenverbände, Kirchen, ethnische Gruppen usw. – die Träger der Macht waren, gegenüber dem individualistischen Modell der repräsentativen Demokratie durch. Während im Parlamentarismus ursprünglich aufgrund der Wahlrechtsbeschränkungen nur ein Teil des Volkes, nämlich die männlichen Besitzbürger, politisch aktiv sein konnte, verwirklichte der Pluralismus die Idee der politischen Freiheit und Gleichheit.

Nach dem Zweiten Weltkrieg fand der Pluralismus in den westlichen Demokratien breite Anerkennung. Die theoretische Kontroverse über die verschiedenen Demokratiemodelle ging jedoch weiter. In der Bundesrepublik mußte sich der Pluralismus – obwohl die Demokratie als einzige Alternative zum Totalitarismus allgemein akzeptiert war – ständig gegen utopische Vorstellungen und heftige Kritik von Marxisten und autoritär Denkenden zur Wehr setzen.

Die gemeinsame Kritik von rechts- und linksextremen Antidemokraten bestand in einer offenen oder verdeckten Ablehnung des parlamentarischen und pluralistischen Mehrparteiensystems und der Ablehnung von Gewaltenteilung und Pluralismus zugunsten einer geschlossenen Ideologie. Die unterschiedlichen Positionen waren:

1. Linksextreme Demokratiekritik Nach 1966, während der Zeit der Großen Koalition in der Bundesrepublik Deutschland, artikulierte sich die diffuse Unzufriedenheit der *Neuen Linken*[35] in einer außerparlamentarischen Opposition (APO). Sie hat ihre Protesthaltung dadurch gerechtfertigt, daß der übermächtigen Regierungskoalition, die aus 447 Abgeordneten der CDU/CSU und SPD bestand, eine machtlose parlamentarische Opposition von 49 FDP-Abgeordneten gegenüberstand. Die Bestrebungen der APO gingen aber weit über eine Oppositionsrolle hinaus und zielten auf die Umgestaltung der Gesellschaft der Bundesrepublik.

Die APO lehnte die existierende Form der Repräsentativdemokratie ab zugunsten einer direkten Demokratie mit den Zielen Selbstbe-

35 Eine aktuelle Analyse der Neuen Linken in: U. Backes/E. Jesse, Neue Linke und Neue Rechte – Ein Vergleich. In: U. Backes/E. Jesse (Hrsg.), Jahrbuch Extremismus & Demokratie. Bonn 5. Jahrgang 1993, S. 7.

stimmung und Emanzipation, die an die Idee einer herrschaftsfreien Gesellschaft anknüpfte. Ein Teil der APO befürwortete die Rätedemokratie mit ihren Vorstellungen direkt-demokratischen, anarchistischen und sozialistischen Gesellschafts- und Verfassungsdenkens als Ersatz für die repräsentative Demokratie. Dem politischen System der Bundesrepublik wurden autoritäre Züge und mangelnde demokratische Mitwirkung der Bürger vorgeworfen. Liberalismus und Sozialstaat seien nicht in der Lage, die Spannungen zwischen den Klassen zu beseitigen. Alle plebiszitären Elemente seien ausgeschaltet. Die Regierung vertrete nur die Interessen der Industrie, und die Wahlen tasteten nicht die gesellschaftliche Ungleichheit an, sie dienten nur zur Legitimierung der politischen Elite. Im Parlament wurde eine notwendige Bedingung der Stabilisierung bürgerlich-kapitalistischer Herrschaft in ihrer Spätform gesehen.

Dieser Kritik wurde entgegengehalten, die parlamentarische Mehrparteiendemokratie habe sich über viele Zwischenstufen entwickelt und werde sich weiterhin reformieren. Das wesentliche Problem der Demokratie bestehe darin, Freiheit und Rechtsstaatlichkeit zu bewahren. Deshalb sei ein institutionalisiertes System von Machtkonzentration und gegenseitiger Kontrolle unerläßlich, um dem Machtmißbrauch entgegenzuwirken und die politische Chancengleichheit aller Bürger zu sichern.

2. Rechtsextreme Demokratiekritik Die Vertreter dieses Lagers bevorzugen autoritär-politische Gesellschaftsformen. Die Nation, das Volksganze und die Abgrenzung von anderen Nationen gelten als höchste Werte. Die Menschen sind aus dieser Sicht nicht nur ungleichartig, sondern aufgrund ihrer Abstammung auch ungleichwertig. Rassenmischung und Gleichmacherei werden verworfen. Das Prinzip von Befehl und Gehorsam wird hochgehalten. Nach 1945 wird das antidemokratische Gedankengut der extremen Rechten verhüllt vertreten.

Die autoritär denkenden Gegner des Pluralismus behaupteten, der parlamentarische Entscheidungsprozeß sei schwerfällig und der demokratische Weg von der Initiative bis zum Vollzug einer politischen Maßnahme zu lang. Er verhindere die schnelle Reaktion der Regierung auf rasche Änderungen. Die Befürworter erwiderten, die Einflußnahme der Bürger und die kontrollierte Herrschaft in der

Demokratie führten notwendigerweise zu einem langsameren Entscheidungsprozeß. Dieser müsse aber gegen die selbstherrliche Herrschaft eines einzelnen oder einer kleinen Gruppe hingenommen werden. Nicht die Friedhofsharmonie der Monarchisten und Totalitaristen, sondern offene Austragung des Streits, die innerhalb konfliktfähiger Gruppen zum Konsens führe, sei die Voraussetzung einer gerechten Ordnung. Die Freiheit, den eigenen Willen durchzusetzen, sei Hauptzweck der Demokratie. »Um in der Gesellschaft seinen Willen durchsetzen zu können, bedarf es der Macht. Es gibt mancherlei Arten und Mittel der Macht. Die Demokratie ist von dem Prinzip geleitet, daß legitime Macht in der Form der Zustimmung der Mehrheit erworben werden soll.«[36]

Für die konservativen Gegner der Demokratie ist der »urteilsfähige Wähler« eine Fiktion. Die Bürger seien in der Demokratie angesichts des komplexen politischen Geschehens überfordert. Die Souveränität der Bürger sei aus ihrer Sicht zweifelhaft, da sie ständig durch die Politiker beeinflußt und manipuliert werde. Als Antwort greifen die Verteidiger zum Vergleich von Demokratie und Diktatur. »Merkwürdigerweise wird nicht in der Demokratie, wo die Parteien tatsächlich auf Werbung angewiesen sind, am meisten Propaganda getrieben, sondern in den Diktaturen und totalitären Systemen. In jenen wird der Mensch überhaupt nie aus der Propagandaeinwirkung entlassen.«[37]

Nach den tiefgreifenden historischen Ereignissen in Osteuropa und dem Sieg der westlichen Demokratien steht die Rechtfertigung der Demokratie gegenüber autoritären und totalitären Herrschaftsformen nicht mehr im Mittelpunkt der Demokratiekritik. Die Demokratie befindet sich gegenwärtig in einer Phase der Selbstkritik, die von manchen Soziologen wie Ulrich Beck als »Sieg-Krise« der liberalen Demokratien bezeichnet wird. Ziele, Institutionen und Prozesse der Politik sind aus seiner Sicht veraltet und müssen alle neu definiert und umgestaltet werden.

International wird allen demokratischen Regierungen ein Mißmanagement in globalen Angelegenheiten vorgeworfen. Die steigenden Probleme von Armut, Hunger und Waffenhandel, die Schuldenberge

36 M. Hättich, 1991, S. 77.
37 Ebd., S. 86.

der armen und reichen Nationen, Arbeitslosigkeit, Korruption und Gewalt werfen die Frage auf, ob den Regierenden ein ausreichendes Weltverständnis fehle oder ob Begriffssystem und Ansätze noch ausreichten, solch komplexe und gefährliche Situation unter Kontrolle zu bringen. Die veralteten demokratischen Strukturen und ihr Widerstand gegenüber dem Wandel werden 1991 im Bericht des Club of Rome, »Die erste globale Revolution«[38], als Hauptursache für die wachsenden Weltprobleme genannt. Die Autoren kommen zu der Überzeugung, die Demokratie sei heute an ihre Effektivitätsgrenzen gestoßen. Dadurch sei sie ausgehöhlt und gefährdet. Die Musterdemokratien der Industrienationen »scheinen jetzt jedoch in einer Phase der Selbstzufriedenheit und Stagnation zu sein, die eine klare Führung und innovativen Geist vermissen läßt«.[39]

Innerhalb der politischen Systeme handelt es sich um eine demokratisierte Kritik. Es findet eine wechselseitige Kritik der sozialen Gruppen, Parteien und Bürger statt. Die pluralistischen Demokratien der Gegenwart und ihr System der »checks and balances« – der Kontrolle und Gegengewichte – sind naturgemäß selbstkritisch. Die Offenheit der Demokratie schärft ihren eigenen Blick für notwendige Korrekturen und Reformen. Im Mittelpunkt der gegenwärtigen Selbstkritik stehen die politischen Parteien. Die Kritiker sind überwiegend ihre eigenen Mitglieder oder Experten, welche die Existenz der Parteien keinesfalls in Frage stellen, zugleich aber auf folgende Tendenzen hinweisen: Das Nullsummenspiel der Macht zwischen etablierten Konkurrenzparteien funktioniert nicht mehr. Die Stimmenverluste der Regierungspartei führen nicht automatisch zum Gewinn der konkurrierenden Partei. Ihre Mitgliederzahl nimmt ständig ab. Die Parteien sind nicht in der Lage, durch ihre Leistungen die Bürger zu überzeugen.

Innerhalb der Parteien funktioniert das Links-Rechts-Schema nicht mehr. Die Defizite des politischen Personals innerhalb der Parteien und mangelnde Kompetenzen haben zur Entscheidungsschwäche des politischen Systems beigetragen. Die politische Klasse ist zu sehr auf eigenen Machtgewinn konzentriert, und die vitalen Fragen werden oft für diesen Zweck instrumentalisiert. Die politi-

38 Alexander King/Bertrand Schneider, 1992.
39 A. King/B. Schneider, 1991, S. 105.

sche Klasse hat sich strukturell weitgehend von den Bürgern abgeschottet. Die Kölner Soziologen Erwin K. und Ute Scheuch analysieren den gegenwärtigen Zustand des westdeutschen Parteiensystems und die Qualität seiner Politik in ihrer besagten Studie.[40] Damit liefern sie empirische Beweise für die obengenannten Mißstände.

Der bis 1994 amtierende Bundespräsident Richard von Weizsäcker löste mit seiner Parteikritik, die vorerst in einem Gespräch mit Gunter Hofmann und Werner A. Perger in *Die Zeit* erschien[41], eine Kontroverse aus. Er äußerte sich zwar besorgt um die deutsche Demokratie und die aktuellen politischen Entwicklungen, sieht aber die Schuld für Fehlentwicklungen nicht nur bei den Parteien. Während die Politiker auf eigene Machtsicherung konzentriert seien, orientierten sich die Bürger nur am eigenen Wohlstand, anstatt in den Parteien initiativ und konzeptionell mitzuarbeiten. Diese Kritik veranlaßte manchen aktiven Politiker und Wissenschaftler, um mehr Verständnis für die schwierigen und neuartigen Herausforderungen der Parteien zu werben.[42]

Der Staatsrechtler Hans Herbert von Arnim kommt zu dem Befund, daß die politische Klasse in der Bundesrepublik sich weitgehend verselbständigt habe. Eine tiefe strukturelle Krise mache sich durch Staatsversagen, Machtmißbrauch und Entmündigung des Volkes bemerkbar. Entgegen der Idee der Demokratie hat das Volk im Pluralismus von heute weder Einfluß auf die Auswahl der Politiker noch auf die Inhalte der Politik. Die Parteien dominieren alle Bereiche der Gesellschaft und instrumentalisieren diese, um die eigene Machtposition und Stelle zu sichern. Das Wettbewerbsmodell des Pluralismus funktioniere nicht mehr. Der Interessenausgleich geschehe in der Realität nicht, weil aus verbandssoziologischen Gründen die ganz allgemeinen Interessen und Belange der Randgruppen, die kein Konfliktpotential besitzen, sich nicht organisieren lassen.[43]

40 Erwin K. und Ute Scheuch, 1993.

41 Richard von Weizsäcker im Gespräch mit Gunter Hofmann und Werner A. Perger, Frankfurt/M. 1992.

42 Vgl. Gunter Hofmann/Werner A. Perger, 1992. Dazu noch: Jürgen Rüttgers, 1993.

43 Vgl. Hans Herbert von Arnim, 1993.

Ein anderer Teil der Kritiker kommt aus den Reihen der Parteimitglieder. Ihre Kritik richtet sich auf die Mißstände innerhalb der Partei und das Verhältnis der Mitglieder zueinander. Wulf Schönbohm, CDU-Mitglied und ein »klug analysierender Beobachter, der alle Machenschaften und Tricks der Politik kennengelernt und trotz alledem nicht resigniert hat«[44], versucht mit seinem Roman *Parteifreunde* einen Blick hinter die Kulissen der großen Politik zu ermöglichen. Das politische Innenleben der großen Parteien führt nicht selten zum Dilemma von Politikern, die in unübersichtlichen Gemengelagen, bedrängt von gegensätzlichen Interessen und unter extremem Zeitdruck, verantwortungsbewußt politische Entscheidungen treffen sollen und dabei die eigene Machtposition nicht aus dem Blick verlieren dürfen. Diese Zwänge führen oft zum Identitätsverlust, zu mangelnder Freiheit und Selbständigkeit der Parteimitglieder, worauf Hans Apel als interner Beobachter in seinem Buch *Die deformierte Demokratie*, in dem er die Parteienherrschaft kritisiert, hinweist. Der Abgeordnete werde oft zum reinen »Parteisoldaten« degradiert, seine politische Zukunft und sein materielles Wohlergehen hingen davon ab, ob er den politischen Vorgaben seiner Führung oder kleiner Gruppen folge. Es darf nicht wundern, wenn die Parteienherrschaft unter diesen Voraussetzungen nicht nur an demokratischer Substanz, sondern auch an politischer Attraktivität verliert.[45]

Die gefährdete Handlungsfähigkeit der liberalen Demokratie, die schwerwiegenden Probleme der westlichen Parteiensysteme, ihre Mitgliederverluste und ihr Machtmißbrauch sind nicht Ursachen der Krise, sondern Symptome des sozialen Wandels. Die Sozialwissenschaftler versuchen die Gründe dieser Entwicklung der Parteienlandschaft zu skizzieren. Die eindeutige Kontrastierung von Parteiprogrammen und Kandidaten nach dem stereotypen Links-Rechts-Schema funktioniert nicht mehr, weil die berechenbaren sozial-moralischen Milieus, auf denen die Parteien gegründet waren, sich allmählich auflösen. Ulrich Beck spricht in diesem Zusammenhang noch von einem anderen Einflußfaktor, nämlich vom Zerfall eines Gesamtfeindes und dem Verschwinden des ideologischen Erz-

44 Wulf Schönbohm, 1990.
45 Hans Apel, 1990, S. 309.

rivalen[46], des Regierungssystems der DDR, das innerhalb des bundesrepublikanischen Parteiensystems die Gegensätze stabilisierte. Die Bedeutung dieser gegenstaatlichen Opposition ist in aller Deutlichkeit in dem von Fraenkel geschilderten Pluralismus erkennbar. Mit der Beendigung des Ost-West-Konfliktes ist dieses stabilisierende Feindbild zusammengebrochen, während die Errungenschaften der westlichen politischen Systeme – Menschenrechte, Freiheit des Individuums, parlamentarische Demokratie, Rechtsstaatlichkeit – sich in den osteuropäischen Ländern widerstandslos durchgesetzt haben. Dieser Sieg führte die Demokratie in vollkommen neue Verhältnisse.

Alle modernen Demokratien sind mit folgenden Tendenzen konfrontiert: Profilierung und Abgrenzung der Volksparteien gegeneinander werden immer schwieriger und unglaubwürdiger. Dadurch steigt die Zahl der unberechenbaren Wechselwähler ständig, und damit wächst die Ungewißheit und Unkalkulierbarkeit der Ereignisse. Die außerordentliche Komplexität der Zusammenhänge und die Abhängigkeit der politischen Sachfragen von Experten und von Fachwissen erschwert das Verstehen politischer Prozesse und ihre Beurteilung. Gleichzeitig wird die Forderung der Bürger nach mehr Information und Mitwirkung laut, wobei sie sich von traditionellen Gruppenbindungen entfernen. Die Individualisierung, d. h. die Wahrnehmung der individuellen Freiheiten und die Verfolgung des Eigeninteresses, ein erreichtes Ziel der bürgerlichen Gesellschaft, wird selbst zum Problem. Das befreite, mündige Individuum fügt sich nicht mehr den traditionellen Gruppen wie Familie, Nation, Partei und Verbände.

Die wachsenden Unsicherheiten, der gefährdete Wohlstand, die Wellen der Arbeitslosigkeit als eine Folge der Modernisierung, die besorgniserregende Kriminalität und die Gewaltausbrüche weisen alle auf die Tatsache hin, daß der »sozialistisch und demokratisch gebändigte Kapitalismus«[47] durch die eigenen Sachzwänge aus den Fugen gerät. Wir leben in einer anderen Zeit und stehen vor der Frage: Wie soll die Demokratie in der modernen, dynamischen, komplexen und pluralistischen Gesellschaft der Zukunft aussehen?

46 Ulrich Beck, 1993, S. 221.
47 Ebd., S. 58.

Die Art der Umsetzung der freiheitlichen und demokratischen Errungenschaften, die kleinen oder die verfassungsändernden Reformen sind die Themen, welche die Kritiker gegenwärtig beschäftigen. Größerer Einfluß der Bürger durch Volksentscheid, Beteiligung der Wähler bei der Aufstellung der Kandidaten, Aktivierung des Volkes und Schaffung von Institutionen, die das Volk stärker zu Wort kommen lassen – das sind Forderungen einer Reihe von Kritikern. Eine andere Gruppe sieht keinen Anlaß, den verfassungsrechtlichen Königsweg und den Volksentscheid einzuführen. Dieses könne auch von innen her, durch einen indirekten Weg der Strukturdemokratisierung der Parteien, Verbände und anderer Organisationen, erzielt werden, indem sie ihre Form nach außen konstant halten, von innen aber umstrukturiert werden und partizipatorisch den parteipolitischen *Staatsbesitz* aufheben.[48]

Die Sozialphilosophen interessieren sich weniger für konkrete Ratschläge. Sie beschäftigt die tiefe intellektuelle Auseinandersetzung mit Grundprinzipien und Umsetzungsformen der Ideale der bürgerlichen Gesellschaft. Die Kommunitaristen, die das republikanische Prinzip der liberalen Auffassung gegenüberstellen, versuchen die ablösende Individualisierungstendenz durch ein Wir-Gefühl zu ersetzen. Wie dieses Unterordnen der einzelnen in der Gesellschaft sich mit real-existierendem Individualismus und Wohlstandsorientierung der Gegenwart vereinbaren läßt, ist eine spannende Kontroverse, die uns in den kommenden Jahren beschäftigen wird.

All diese tief philosophischen und politisch praktischen Ratschläge haben eine begrenzte Durchsetzungsfähigkeit, solange die *selbstsüchtige Macht* – so lautet die These dieses Buches – als Grundkategorie die politischen Ziele, Methoden und Mittel determiniert. Der Wille zur Macht und der Mythos vom *Recht der Stärkeren* tragen in komplexen politischen Systemen nicht zur Rationalität bei. Das individuelle Machtstreben, das zur Zeit Max Webers rational erschien, gefährdet heute den freien Meinungsstreit und die Vielfalt der Gesellschaft. Das Wettbewerbsmodell der komplexen Gesellschaften wird durch die Dynamik der *eigennützigen Macht* außer Kraft gesetzt. Die konfliktreiche pluralistische zivile Gesell-

48 Ebd., S. 225. Dazu vgl. noch: E. K. u. U. Scheuch, 1993.

schaft kann ihren Idealen der Freiheit, Gleichheit und Gerechtigkeit dann näherkommen, wenn das Paradigma die Verantwortung und nicht mehr selbstgerichtete Macht ist.

5. Fazit

Das Bild des Menschen war einer der entscheidenden Faktoren für das politische Verhalten der Individuen und zugleich für die Gestaltung der politischen Führung im turbulenten 20. Jahrhundert. Das konservative Lager, mit Carl Schmitt an der Spitze, hielt am christlichen Menschenbild fest, das den Menschen als von Natur aus sündhaft und verworfen bewertet. Nach Carl Schmitt ist nur die absolute Staatsgewalt in der Lage, die rebellischen und machtlüsternen Individuen unter Kontrolle zu bringen und die soziale Ordnung herzustellen. Die Humanisten hingegen vertreten die Auffassung, der Mensch sei von Geburt aus gut und zur Freiheit fähig.

Die Vorstellung von der Niedrigkeit und Sündhaftigkeit der menschlichen Natur wurde auch von den Rationalisten der Aufklärung in Frage gestellt. Sie befürworteten den Rousseauschen Gesellschaftsvertrag, in dem der *Législateur* beauftragt sei, die von Geburt aus rohen und ungebildeten Menschen zu erziehen. Für die Marxisten stellte sich das Problem nicht in dieser Form; die ungleichmäßige Verteilung des Kapitals und die materielle Ungerechtigkeit seien die Grundübel der menschlichen Gesellschaft, die Lösung der ökonomischen Fragen und die Schaffung einer klassenlosen Gesellschaft würden gleichzeitig das Verhalten der Menschen beeinflussen und ändern.

Die Liberaldemokraten wie Max Weber glaubten an die dynamische Wandlungsfähigkeit des Menschen. Die individuelle Freiheit gebe dem Menschen die Möglichkeit, seine politische Ohnmacht zu überwinden und seine hohen menschlichen Qualitäten zur Geltung zu bringen.

Während die Vertreter der marxistisch-leninistischen Systeme das Menschenbild von Rousseau befürworteten, hielt die pluralistische Demokratie an dem jüdisch-christlichen Menschenbild fest, nach dem der Mensch niemals das Gute erreichen kann, weil er stets seine eigenen Interessen verfolgt. Die Individuen und die politischen Gruppen müßten jedoch die Freiheit haben, den eigenen Vorteilen bestmöglich zu dienen. Weder das christliche Menschenbild noch die ideologischen Auffassungen über die Natur des Menschen waren wissenschaftlich beweisbar. Heute behaupten die Wissenschaften, die sich mit dem Menschen beschäftigen, daß der Mensch weder von Natur aus gut noch schlecht sein kann. Das menschliche Verhalten sei durch Erziehung unter Berücksichtigung von Erb- und Milieufaktoren formbar und veränderbar. Der Mensch habe die Freiheit, sich für das Gute oder das Schlechte zu entscheiden.

Die menschliche Entscheidungsfreiheit wird im Konkurrenzkampf um die Macht eingeschränkt. Der Berufspolitiker kann nur die Entscheidungen treffen, die seine Macht, d. h. seinen Stimmenanteil, steigern. Die unpopulären Sachthemen, wie notwendig und vital sie auch sein mögen, können nicht ohne Blick auf die Machtverhältnisse gelöst werden. Der Druck der Machtsteigerung sowie instabile Machtverhältnisse werden von den Skandalforschern als die Hauptursachen von Korruption betrachtet. Noch problematischer ist die Inszenierung von Skandalen mit dem Ziel, den Gegner in ein schlechtes Licht zu rücken und dadurch die eigene Macht zu steigern. Diese negative Methode, die besonders in schwierigen Situationen ohne eindeutige Alternativlösungen eingesetzt wird, führt zum Verlust des Vertrauens der Wähler in die demokratischen Systeme.

Die Kritiker der Demokratie sind heute diejenigen, die diese Schwächen erkennen und versuchen, das System von innen her zu reformieren, während die heftige Demokratiekritik in vergangenen Jahrzehnten von außenstehenden Gegnern kam, welche die verfassungsstaatliche Demokratie durch ein rechts- oder linksextremes System ersetzen wollten.

Die innenpolitischen Machtstrukturen sind ein Hindernis bei der Lösung der globalen und eng vernetzten Probleme. Ein erheblicher Teil der Kritiker sind aktive Politiker und Mitglieder der Parteien, die auf die Mißstände innerhalb der Parteien hinweisen. Die Wissenschaftler stellen eine Änderung der Parteienlandschaft und ihre abnehmende Bindekraft fest. Gleichzeitig steigt die Zahl der Wechselwähler und die der Individualisten, die schwer zu beeinflussen sind. Die Komplexität der politischen Themen macht die Entscheidung für die Wähler schwieriger.

Die Politiker müssen trotz all dieser veränderten Verhältnisse für ständiges Wachstum und für die Zufriedenheit der Bürger sorgen. Deshalb wird nach Wegen und Methoden gesucht, damit einerseits die Bürger aktiver mitwirken und andererseits der elitäre Machtmißbrauch der kleinen Gruppen begrenzt wird. Das individualistische und eigennützige Gesellschaftsmodell des Liberalismus scheint für komplexe und konfliktreiche Gesellschaften nicht tragfähig zu sein, weil es nicht in der Lage ist, Gemeinschaftsgefühl und verantwortungsbewußtes Handeln zu fördern. Das Wir-Gefühl kann nicht gesetzlich erzwungen werden. Alle Bürger und Politiker müssen sich selbst verantwortlich fühlen.

IV. Verantwortung als Strukturelement der Demokratie

Die sozialen Änderungen und technischen Fortschritte der letzten Jahrzehnte waren in der Demokratietheorie nicht vorgesehen. Die umgewandelte menschliche Gemeinschaft, in welcher der ganze Lebenszuschnitt anders geworden ist, braucht nicht nur entsprechende Verhaltensnormen und ethische Bindungen, sondern gleicherweise eine neue politische Orientierung. Weder die Gesinnungsethik noch die Verantwortungsethik reichen aus, die Gegenwartsprobleme der Demokratie zu bewältigen. Die Folgen der Verantwortungslosigkeit aufgrund der Spielregeln des Pluralismus treffen heute nur den Politiker, indem er seine Macht verliert. Der angerichtete Schaden oder die nicht erledigten Aufgaben können jedoch dadurch nicht wiedergutgemacht werden. Die Verantwortung darf deshalb nicht nur ein ethischer Grundsatz bleiben, sondern muß Voraussetzung und Motor der politischen Prozesse werden. Dafür ist eine Verantwortungstheorie für die Demokratie nützlicher als die Machttheorie. Die Defizite des egoistischen und eigennützigen Machterwerbs sind ausreichende Gründe, um die kausale Machttheorie als falsifiziert zu erklären.

Die überlieferten ethischen Prinzipien sind nicht in der Lage, den neuzeitlichen Freiheitsgedanken und den fortschreitenden Individualismus mit steigenden sozialen Abhängigkeiten und globalen Verflechtungen in Einklang zu bringen. Anschließend wird in diesem Kapitel das Verwaltungsmodell der Baha'i-Religion vorgestellt, das durch die neuen ethischen Normen die globale Verantwortung der einzelnen mit einem Höchstmaß an Individualität und Gemeinschaftsgefühl verbindet.

1. Eine Theorie der politischen Verantwortung

Die demokratische Regierungsform mit ihrer hochkomplexen institutionellen Rahmenordnung ist noch längst kein vollendetes und abgeschlossenes Projekt, sondern ein permanenter, zukunftsoffener und riskanter Prozeß. Die freiheitliche Ordnung mit ihrer relativ jungen Verfassungsgeschichte ist das Ergebnis der sozialen Kämpfe und tiefen politischen Konflikte, bei deren Bewältigung der Mensch nie ratlos gewesen war. Offenheit und Lernfähigkeit halfen der demokratischen Idee, die kritischen Erschütterungen und Rückschläge zu überleben. Sie steht heute wieder vor neuen Herausforderungen und einer neuen Bewährungsprobe.

Die Verantwortung als eine bürgerliche Tugend gewann erst durch die Verbindung des Liberalismus mit der Demokratie in der politischen Theorie eine rechtliche Grundlage. In der liberalen Verfassung wurde dem bürgerlichen Subjekt die Verantwortung für die Organisation der sozialen und politischen Ordnung und die Wahrung der Freiheit und Selbständigkeit des einzelnen zugewiesen. Diese »Revolution des Geistes« (Fichte) fand während der Französischen Revolution ihren Höhepunkt. Die gewaltsamen sozialen und politischen Strukturveränderungen dieser Epoche verlangten nach neuen gesellschaftlichen und staatlichen Orientierungen.

Die traditionellen Interpretations- und Deutungsmuster waren nicht mehr in der Lage, die neue politische Wirklichkeit zu erfassen. Noch ein Jahr vor der Französischen Revolution bekräftigte Ludwig XVI. in einer Deklaration die »monarchischen Prinzipien«, welche die Krone als alleinige souveräne Macht bestätigte. Die Ausübung der von Gott legitimierten Gewalt und Macht sei nur vor Gott zu verantworten. Diese *Sondermoral* ermöglichte die Handlungsfreiheit der großen Staatsmänner und rechtfertigte ihre »Realpolitik«. Anfang des 20. Jahrhunderts, als der »liberale Konstitutionalismus« in Deutschland das »monarchische Prinzip« endgültig überwand, entstand ein Dualismus zwischen pragmatischer Verantwortungs- und religiöser Gesinnungsethik.

Die Legitimation der liberalen Demokratie basierte auf dem Grundgedanken, daß das Volk selbst die Gesetze seines Handelns bestimmt und durch verfassungsmäßige Regelungen ihre Verbindlichkeit garantiert. Durch diese planbaren, rationalen und von allen akzeptierten Regeln des Handelns wird die Demokratie vor Anarchie bewahrt. Die Anerkennung der Herrschaft der Gesetze und die allgemeine Zustimmung der demokratischen und rechtsstaatlichen Prinzipien bedeuteten, daß die Gesinnungen, Meinungen und Anschauungen der Bürger vor jedem Zugriff des Staates bewahrt werden sollten. Die Gewissensentscheidungen bewertete man als Privatfragen; deshalb dürften sie der staatlichen Kontrolle nicht zugänglich sein.

Eine Trennung von Politik und Religion schien aus der Sicht Max Webers unvermeidbar. Damit konnte der Irrationalität und dem Rechtfertigungsmuster der Monarchie die Grundlage entzogen werden. Max Weber setzte sich mit dem Spannungsverhältnis der Gesinnungs- und Verantwortungsethik auseinander. Es müsse eine Arbeitsteilung zwischen Religion und Politik stattfinden. Die absolute christliche Ethik und die Botschaft der Bergpredigt fand er dysfunktional, weil der Christ nur im Sinne seines Seelenheils recht tun könne, den Erfolg seines Tuns jedoch Gott anheimstellen müsse. Daraus könnten einige Konsequenzen erfolgen.

Ein spezifisches Mittel der Politik sah Weber in der Gewaltsamkeit. Der Politiker müsse mit gewaltsamen Mitteln und auf dem Wege der Verantwortungsethik arbeiten. Weber sieht die Gewaltsamkeit nicht als normales oder einziges Mittel des Staates, aber wohl als »das ihm spezifische«. Da die politischen Aufgaben »nur mit Gewalt zu lösen«[1] sind und der Berufspolitiker nur durch Machterwerb die Chance hat, seine politischen Ziele durchzusetzen, wird der wahre Christ Probleme haben, staatliche Aufgaben zu erfüllen. In diesem System wird der Gesinnungsethiker keine Sicherheit im Umgang mit der Macht haben und die Konsequenzen seines Handelns nicht voraussehen können.

Das Gelingen der Demokratie, so Weber, ist vom Erfolg der poli-

1 Max Weber, 1968, S. 64.

tischen Handlungen bedingt. Dafür ist die Verantwortungsethik wegen ihres besseren Erfolgswertes brauchbarer für die Demokratie als die Gesinnungsethik. Darin sah Weber die Tragik der Politik, obwohl er die moralischen Prinzipien nicht ablehnte und die Verantwortungsethik keinesfalls mit ziellosem Pragmatismus und prinzipienlosem Opportunismus gleichsetzte.

Somit kam die Verantwortung als sanktionierbare Tat in die rechtliche Sphäre. Die »Macht« wurde vom Monopol eines einzigen Herrschers befreit und zu einem allgemeinen Gut und zur Triebkraft des Berufspolitikers erklärt. Als zentrales Objekt der konkurrierenden sozialen Gruppen und Vertreter der Ideologien wurde die *Macht Voraussetzung der Eigenverantwortung des Politikers.*

»Kampf um eigene Macht, und die aus dieser Macht folgende Eigenverantwortung für seine Sache ist das Lebenselement des Politikers wie des Unternehmers.«[2] Diese Überlegungen bestimmen bis heute die politischen Spielregeln, die in der Praxis folgendermaßen aussehen:

1. Machterwerb ist die erste Voraussetzung für jede politische Arbeit. 2. Der Machthaber muß auf Erfolg bedacht sein und auf dem Wege der Verantwortungsethik handeln. 3. Nach dem Wahlsieg muß er sein Handeln in der Weise orientieren, daß er wiedergewählt wird. 4. Das Ausmaß seines Erfolges befestigt seine Machtposition und steht in kausaler Verbindung mit seiner Wiederwahl. Das Spiel geht auf diese Weise weiter.

Die politischen Problemlösungen und Entscheidungen treten in den Hintergrund der machtorientierten Überlegungen. Diese Schwäche ist nicht nur den Politikern bewußt, die Theoretiker wiesen ebenfalls auf dieses Problem hin, fanden jedoch keine bessere Alternative. Die Logik der Macht hat in der Anfangsphase der liberalen Demokratie funktioniert, weil die staatlichen Aufgaben viel geringer und durchschaubarer waren und die autoritäre Durchsetzungskraft noch volle Gültigkeit besaß. Gerade in der Demokratie, so schrieb Weber, werden die großen Entscheidungen von einzelnen getroffen.[3] Der autoritäre Charakter des Regierungschefs, d. h. insbesondere seine Fähigkeit, im Kabinett und in den Regierungsfrak-

2 Max Weber, 1968, S. 50.
3 Max Weber, 1971, S. 395.

tionen seine Vorstellungen durchzusetzen, wird heute noch von manchen Zeithistorikern, die das Regierungssystem der Bundesrepublik als »Kanzlerdemokratie« bezeichnen, gepriesen und als ein Faktor der Stabilität der jeweiligen Regierung – jedoch nicht des Systems – bewertet[4], obwohl nach Auffassung der Politikwissenschaftler, die sich mit dem Prozeß des Regierens befassen, die institutionelle Komplexität der demokratischen Systeme mit autoritären Führungsstrukturen nicht vereinbar ist.[5]

Die raschen technischen Umwandlungen »auf dem Weg in eine transindustrielle Gesellschaft«[6] einerseits sowie die wachsenden Erwartungen der Bürger und die steigenden Anforderungen an die Problemverarbeitungskapazität des politisch-administrativen Systems andererseits änderten den Charakter der staatlichen Steuerungsmechanismen. Die schwierigen politischen Entscheidungen sind heute weit davon entfernt, autoritär und durch eine einzige Person getroffen zu werden. Sie erfordern eher Teamarbeit und das Zusammenwirken von Experten, Verbänden, Politikern oder der jeweiligen sozialen Gruppierungen. Die westlichen Demokratien stehen vor einem Bündel externer und interner Probleme. Die ökologische Rücksichtnahme ändert die marktwirtschaftlichen Mechanismen und beeinflußt das technologische Fortschrittstempo.

Die Beendigung des Ost-West-Konfliktes und die veränderte Konstellation der Staaten der Welt brachten neuartige Probleme und erschwerten die Last der klassischen Weltprobleme wie Bevölkerungsexplosion, Hunger, Treibhauseffekt und Flüchtlingselend. Intern ist das politische System mit einer *Strukturdemokratisierung* konfrontiert. Das rationalistisch-hierarchische Zweck-Mittel-Modell der Politik, wie Ulrich Beck es in seinem Buch *Risikogesellschaft* beschreibt, ist brüchig geworden.[7] Parteienwettbewerb und unsichere Machtverhältnisse beeinträchtigen die Steuerungsleistungen des Systems und verhindern, daß man sich den langfristigen konzeptionellen Führungsaufgaben widmet, da diese mehr im Lichte der nächsten Wahlkämpfe gesehen werden.

4 Vgl. Karl Heinz Niclauß, 1988.
5 Vgl. Axel Murswieck, 1990, S. 151–169.
6 Vgl. Ulrich Sarcinelli, 1990, S. 39.
7 Vgl. Ulrich Beck, 1986.

Hinzu kommt eine schicksalhafte Dynamik, die das politische System mit permanenten Neuerungen und unvorhergesehenen Problemen konfrontiert. Dem Parteienstaat wird ein hohes Maß an übervernetzter Verrechtlichung der Verhältnisse und Immobilität vorgeworfen, obwohl Dynamik und ständige Veränderung vielmehr Flexibilität und Integrität verlangen. Dieser Zustand der Orientierungs- und Ratlosigkeit kann durch verantwortungsloses Verhalten der Bürger, durch Wahlenthaltung und Zuflucht zu radikalen Parteien die Gesellschaft in einen ernsthaften Krisenzustand treiben, der im Endeffekt allen schadet. Ein verantwortungsorientiertes Handeln scheint heute dringlicher als je zuvor.

Nach einigen Jahrzehnten demokratischer Praxis sind die Schwächen der Machttheorie als dem Grundelement der Demokratie deutlich zutage getreten. Politisches Handeln nach Regeln der Verantwortungsethik ist in der Demokratie noch immer eine moralische Forderung und in der ethischen Sphäre verhaftet. Sanktionen werden erst später, wenn die Folgen der Verantwortungslosigkeit aufgedeckt werden, eingesetzt. Die Verantwortung ist strukturell nicht eingebunden und a priori keine Voraussetzung der staatlichen Handlungen, sondern bloß dem Willen des Handelnden überlassen. Sanktionen dienen zur Wiederherstellung der »gestörten moralischen Ordnung«[8]. Der Chirurg wird wegen seiner mißlungenen Operation bestraft, der gestorbene Patient dadurch jedoch nicht wieder lebendig. Viele staatlichen Entscheidungen haben unumkehrbaren Charakter, und der angerichtete Schaden kann durch Rücktritt der jeweiligen Politiker nicht behoben werden.

Gewähr für verantwortliches Handeln wird nach Weber durch den Erfolg der Handlung geboten. In den hochtechnisierten und vernetzten sozialen Systemen kann der Erfolgswert der politischen Handlungen selten eingeschätzt werden. Kurt Lenk verdeutlicht diese Problematik am Beispiel der »Nachrüstungsdebatte«. Für die Erhaltung des Friedens in Freiheit ließ sich der Erfolgswert weder durch das Ja zur Stationierung neuer Raketen noch durch ein Nein zum Zeitpunkt der Entscheidung abschätzen. »In einer politischen Situation, die manche Akteure der ›großen Politik‹ zur Einsicht bringen müßte, daß sie auch dann, wenn sie – etwa im Sinne einer

8 Hans Jonas, 1984, S. 173.

Politik aus christlicher Verantwortung – ›das Rechte tun‹, für den Erfolg weniger denn je garantieren können und ihn darum letztlich Gott anheimstellen müßten, sitzen solche Verantwortungsethiker – nicht bloß politisch – mit den Gesinnungsethikern ›im gleichen Boot‹.«[9]

Der Politiker muß für seine Tat Verantwortung tragen. Er hat um so weniger zu verantworten, je weniger er tut. Der Blick auf die nächsten Wahlen und die unsicheren Mehrheiten verhindern oft die langfristigen und konsequenten Schritte. In solchen Situationen wird »Tatvermeidung zum Rat der Klugheit«[10]. Diese Art der Passivität der Politiker bleibt in einer Mediengesellschaft dem mündigen Bürger nicht verborgen und veranlaßt die Wähler, emotional ihre Wahlfreiheiten auszunutzen. Das Kriterium Erfolg-Nichterfolg nach Max Webers Demokratiemodell dient nur dem Machterhalt oder Machtverlust des Politikers. Wichtigere Kriterien für Erfolg oder Nichterfolg der staatlichen Maßnahmen sind Motive, Vorsätze, Überlegungen und Zurechenbarkeit. Der Erfolg wird noch wahrscheinlicher, wenn die Entscheidung nicht autoritär, sondern durch das Zusammenwirken der kompetenten und intelligenten Akteure getroffen wird. Diese Erfolgskriterien – Motivation, Vorsatz, Überlegung und Zurechenbarkeit – müssen die bisherigen Kriterien – Machterwerb, Machterhalt – ablösen und strukturell durch neue Wahl- und Entscheidungsverfahren den Lauf der politischen Handlungen festlegen, wenn die Zufalls- und Schönwetterdemokratie mehr auf Planbarkeit, Sicherheit und Effektivität bauen will.

Hans Jonas setzte sich in seinem epochalen Buch *Das Prinzip Verantwortung* mit der Notwendigkeit einer neuen Ethik für die technologische Zivilisation auseinander. Er warnte vor den entfesselten Kräften menschlicher Macht, die durch die moderne Technik und Wissenschaft eine unvorstellbare Größenordnung und Reichweite erlangt haben und zur Bedrohung geworden sind. Die Menschheit hat mit der Hochtechnologie ein »Neuland kollektiver Praxis« betreten, das für die ethische Theorie noch Niemandsland ist. Die neue Pflicht der Macht heißt nach Jonas Verantwortung. Er stellte besorgt die Frage, ob es dem Menschen gelingt, die extremen

9 Vgl. Kurt Lenk, 1991, S. 997.
10 Vgl. Hans Jonas, 1984, S. 174.

Kräfte zu zügeln und seine ehrgeizige Allmacht zu zähmen, damit er nicht zugrunde geht »in einer Wüste, die sich einst als Schöpfung präsentierte«.[11]

Hans Jonas entwickelte einen neuen Begriff der Verantwortung, »der nicht die ex-post-facto Rechnung für das Getane, sondern die Determinierung des Zu-Tuenden betrifft«[12]; eine Verantwortung, die sich nicht primär auf eigenes Verhalten und seine Folgen bezieht, sondern auf die *Sache*, die auf das Handeln Anspruch erhebt. Jonas rechnet die Verantwortungsethik im Sinne von Max Weber einer »selbstbezogenen Klasse« zu. Das »Wofür« liegt dort in der Person selbst, weil die Verantwortung erstrangig dem eigenen Machterhalt dienen soll. Das »Für« des Verantwortlichseins im Sinne Jonas' hat einen völlig anderen Sinn; es liegt außerhalb der Person, aber im Wirkungsbereich ihrer Macht, ist »auf sie angewiesen oder von ihr bedroht. Ihr setzt er entgegen sein Recht auf Dasein aus dem, was es ist oder sein kann, und nimmt durch den sittlichen Willen die Macht in ihre Pflicht«.[13] Die Anteilnahme des Gefühls steigert den Bezug zur Sache. »Tritt Liebe hinzu, so wird die Verantwortung beflügelt von der Hingebung der Person, die um das Los des Seinswürdigen und Geliebten zu zittern lernt.«[14] Diese Zukunftsverantwortung oder substantielle, zweckverpflichtete Verantwortung unterscheidet er von der »formal-leeren ›Verantwortlichkeit‹ jedes Täters für seine Tat«.[15]

Kehren wir zu der politischen Theorie zurück. Die Absicht der individualistischen Machtkonzeption Max Webers war, die Obrigkeitsmentalität zu beseitigen und die politische Tatkraft der Individuen in Gang zu bringen. Dies war ein wesentlicher Schritt, um die immanente Rechtfertigung der staatlichen Herrschaft durch das »Volk«, die als Grundlage der demokratischen Legitimität zu bezeichnen ist, zu ermöglichen. Die entscheidenden Qualitäten eines Berufspolitikers – Machtbewußtsein, Leidenschaft, Augenmaß und Verantwortungsgefühl – dienten wesentlich dazu, die politische

11 Hans Jonas, zitiert nach Marion Gräfin Dönhoff, Versuch einer neuen Ethik. Zum Tod des Philosophen Hans Jonas. In: Die Zeit vom 12. Februar 1993.

12 Hans Jonas, 1984, S. 174.

13 Ebd.

14 Ebd.

15 Ebd.

»Ohnmacht« des Volkes zu beseitigen. Weber behauptete, nicht in der schlechten wirtschaftlichen Lage der beherrschten Masse, sondern in dem politisch unqualifizierten Zustand der aufsteigenden und herrschenden Klasse liege die eigentliche sozialpolitische Gefahr.

Diese selbstbezogene Macht, ein wesentliches und erforderliches Mittel zur Zeit Webers, hat in der Praxis des heutigen Berufspolitikertums ein übertriebenes Maß angenommen und droht zum Verhängnis zu werden. Die Scheuch-Studie erhellt die tatsächliche Praxis dieses selbstsüchtigen Machtmotivs und das daraus entwickelte System der Vorteilsnahme. Die Fülle der Skandale und die Wellen der Korruption in allen westlichen Demokratien sind mahnende Signale, welche die Theoretiker zu ernsthaften Überlegungen veranlassen sollten. Die mangelnde Verantwortlichkeit für die *Sache* wird von Experten und Zeitkritikern als eine Ursache der Handlungsunfähigkeit der Demokratie beklagt. Jonas' ethische Theorie kann trotz ihrer Dringlichkeit für die politische Praxis nicht brauchbar sein, solange die kausale Machttheorie die Politik determiniert und selbstbezogener Machterwerb die Voraussetzung für jegliche politische Verantwortung ist.

Eine nicht-selbstbezogene, auf die *Sache* gerichtete Verantwortlichkeit, die Forderung Jonas', kann nur dann im praktischen Bereich der Politik aktiv werden, wenn die *Macht* ebenso außerhalb der Person liegt und als nicht-selbstbezogene, »für« die *Sache* leidenschaftlich interessierte Antriebskraft im politischen Alltag ausgeübt wird. Die gegenwärtige selbstsüchtige Macht, die Grundkategorie des Politischen, bewertet ständig die Handlungen im Verhältnis ihrer Position. Wenn der eigenen Macht Gefahr droht, muß der Politiker neue Mittel und Methoden finden, um sie aufrechtzuerhalten und handlungsfähig zu bleiben. Genau diese Mittel verstoßen oft gegen die »Verantwortungsfähigkeit« des Politikers. Die *Sache* verblaßt im Schatten der *Macht*, weil die Bedingung für Verantwortung die kausale Macht ist. Eine Macht im Sinne Jonas', die primär im Dienste der Sache steht, bedeutet in der Tat die Fähigkeit, am Prozeß der politischen Problemlösung und Entscheidungsbildung beteiligt zu sein. Die Voraussetzung dafür ist die Verantwortungsfähigkeit des Politikers.

Die Frage nach der Funktion der Macht muß an dieser Stelle neu überdacht werden. Die Macht erfüllte seit Beginn der politischen Geschichte eine ordnungsstiftende und entscheidungstreffende Aufgabe. Soziale Ordnung und Sicherheit sind in einer Demokratie durch verfassungsrechtliche Maßnahmen institutionalisiert. Ihre Aufrechterhaltung ist eine gemeinsame Aufgabe aller Bürger. Die zweite Funktion der Macht war die Gesetzgebung und Problemlösung. Das monarchische Prinzip, »daß die Macht der Gesetzgebung einzig und ungeteilt bei der Person des Souveräns liegt«[16], wurde durch das demokratische Prinzip ersetzt, nach dem das Volk als Träger bestimmter kultureller Werte für die Gestaltung der staatlichen Funktionen verantwortlich ist. Genau diese Funktion der Demokratie wird durch übermäßige Konkurrenz um Macht und Verfolgung der Eigeninteressen beeinträchtigt und vernachlässigt. Somit verliert die personifizierte und selbstsüchtige Macht ihre traditionellen Aufgaben im politischen Steuerungssystem und wird ein bloßer Störfaktor.

In einer Zeit der großen Veränderungen und der globalen Abhängigkeit betreten wir eine Sphäre, in der nur die Verantwortung als politische Handlungsmaxime zum Erfolg führen kann. Diejenige Macht, die im Dienste der Sache steht, muß sich von der handelnden Person entfernen. Sie ist dann keine Macht im tradierten Sinne als Besitz der Individuen. Sie kann kein Genußmittel mehr sein, sondern reine Pflicht, eine stark belastende, jedoch verdienstvolle und anerkennenswerte Aufgabe. Wer sich bereichern, wer sich dadurch über die anderen erheben will, soll in dieser Sphäre nichts zu suchen haben. Von den Akteuren wird ein hohes Maß an planetarischem Verantwortungsbewußtsein, Kompetenz, Dienstbereitschaft und Bescheidenheit in bezug auf die Komplexität der Sachverhalte verlangt. Diese Mammutaufgabe kann nicht von einer selbstsüchtigen Macht begleitet werden. In dieser Sphäre steht keine staatliche Macht als Beute zur Disposition, sondern nur die *staatliche Verantwortung*. Alle sozialen Gruppen sind in einer pluralistischen Gesellschaft für die Ordnung, Gesetzgebung und für eine dynamische und kooperative Problemlösung verantwortlich.

Das Paradigma des Kampfes um Macht verliert in dieser Sphäre seine Gültigkeit und muß durch ein Paradigma der verantwortungs-

16 Vgl. Kurt Lenk, 1991, S. 937.

bewußten Kooperation abgelöst werden. Dieser Paradigmenwechsel soll zu einer neuen Theorie der politischen Verantwortung und einer Modifizierung des Konkurrenzmodells führen. *Die politische Verantwortung kann dann erfüllt werden, wenn der Politiker seine selbstsüchtige und auf sich gerichtete Macht vom politischen Prozeß zurückzieht und seine Kraft auf die politischen Aufgaben und Sachentscheidungen konzentriert. Als gewählter Volksvertreter hat er dann die Chance und die Pflicht, bei der demokratischen Gesetzgebung und Problemlösung verantwortlich mitzuwirken. Voraussetzung für diese Chance ist die Verantwortungsfähigkeit und die Kompetenz.* Der Vorrang der Verantwortung vor der Macht öffnet die Möglichkeit für die Entwicklung der notwendigen Rahmenbedingungen, damit die Politiker und Bürger frei vom Ballast der Macht, der Lust des Dominierens, der Manipulation und der vulgären Gewinne, die Politik mitgestalten, ihren Meinungsstreit austragen und ihre Konflikte regulieren.

Das Ziel dieser Theorie ist es nicht, ein neues Demokratiemodell zu entwerfen, sondern durch Paradigmenwechsel die demokratischen Prozesse auf eine höhere Stufe zu bringen und die Methode der kämpferischen Durchsetzung des eigenen Interesses durch ein beratendes und effektiveres Problemlösungsmodell zu ersetzen. Die Autorität des Staates ist kein Besitztum von Personen oder Gruppen; sie entsteht erst durch demokratisch gefaßte Entscheidungen. Je höher die Qualität der staatlichen Gesetze und Maßnahmen, desto intensiver wird die Handlungsfähigkeit und Autorität des Staates. Die legitimierte Macht im politischen Sinne, welche die Entscheidungen trifft und Gehorsam verlangt, heißt hier *Autorität*. Wo von *Macht* die Rede ist, ob im Besitz von Individuen oder Gruppen, sind willkürliche und nicht-legitimierte Fähigkeiten gemeint, die von unberechenbaren Motiven geleitet werden.

Die *Konkurrenz* der Meinungen und intelligenten Problemlösungen ist unerläßlich; sie muß nicht die beratenden Partner in Freund und Feind teilen. Der Entscheidungsprozeß ist kein Kampffeld der konkurrierenden machtbewußten Akteure, sondern ein gegenseitiger Beratungsprozeß. Die verschiedenen Lösungen wirken aufeinander und konkurrieren miteinander, ohne die Beteiligten in Freund-Feind-Verhältnisse zu versetzen. Die »vernünftigen Sätze« – um eine Metapher von Habermas auszuleihen – sind hier die Plussummenergebnisse, verbindlich für alle Teilnehmer, während die Durchsetzung der eigenen Meinung ein autoritärer und undemokratischer Akt ist.

Das Individuum muß sicherlich die Freiheit haben, seine Interessen zu verfolgen. Diese Freiheit erfährt jedoch in modernen, dynamischen, komplexen und pluralistischen Gesellschaften durch den vernetzten und voneinander abhängigen Charakter der Interessen viele Einschränkungen. Da das Paradigma Verantwortung und nicht Kampf um Macht ist, wird die Verwirklichung der sozio-moralischen Normen bessere Chancen haben.

Im Mittelpunkt dieser Theorie steht nicht mehr die Teilung der Macht, sondern die Vermittlung des Konsenses über die politischen Inhalte und Entscheidungen. Sie geht von den Prämissen eines Plussummenspiels aus und versucht die Individuen und Gruppen mit ihren vielfältigen Interessen und ihrem Gedanken- und Ideenreichtum anzuerkennen und in den politischen Prozeß zu integrieren. Der Vorgang der Entscheidungsfindung ist daher Hauptzweck der staatlichen Tätigkeit. Sie muß in einer pluralistischen Gesellschaft das Ergebnis der gegenseitigen Beratungen der unterschiedlichen Kräfte sein. Die Verantwortungstheorie versucht die Kooperation, die Integration und das gegenseitige Verständnis der Verhandlungssysteme (vgl. Abb. 2) zu fördern, die für eine gerechte Verteilung und Steigerung der staatlichen Handlungsfähigkeit wesentlich sind.

In den gegenwärtigen Demokratien wird die staatliche Macht als eine konstante Summe vorausgesetzt, die durch die Wahlen in den Besitz der Siegerparteien (vgl. Abb. 1) kommt. Dadurch werden die Mehrheiten a priori festgelegt und andere Parteien vom Prozeß der politischen Entscheidungsbildung ausgeschaltet. In einem pluralistischen und kooperativen Modell der Demokratie ist die Autorität des Staates keine konstante Summe; sie entsteht im Endeffekt als Resultat der gemeinsamen Beschlüsse und Gesetzgebungen.

Die Verantwortungstheorie postuliert nicht eine paradiesische Gesellschaftsordnung, in der das Gemeinwohl kostenlos zu verteilen wäre; sie verlangt eine große Anstrengung von jedem Individuum und versucht aufgrund der menschlichen Schwächen und Neigungen diejenigen Elemente aus der Struktur der Demokratie zu entfernen, welche die Ursachen für Versuchungen, Machtmißbrauch und Korruption sind. Sie fördert die Vielfalt der Meinungen und Interessen als ein Gebot der Gerechtigkeit und gibt dem Individuum eine unbegrenzte Entfaltungsmöglichkeit, nimmt ihm jedoch die Ursache seiner eigennützigen und aggressiven Handlungen. Der Kampf des Menschen kann sich dann gegen die eigenen egoistischen, autoritären und kämpferischen Neigungen richten, welche die demokratischen Prinzipien verletzen.

2. Steuerungsdilemma des politischen Systems

Während Philosophen eine Ethisierung und Kultivierung des politischen Systems fordern, um den Risiken der postindustriellen Gesellschaft besser begegnen zu können, stellen Politikwissenschaftler einen Formwandel der politischen Strukturen fest, in dem die Wettbewerbs- und konkurrenzdemokratischen Strukturen unseres politischen und gesellschaftlichen Systems zwar nicht abgelöst, aber doch ergänzt und manchmal auch überlagert werden von koordinierenden Mechanismen und kooperativen Strukturen. Die institutionalisierten und formellen Verfahren werden durch außerinstitutionelle und informelle Verfahren ergänzt. Darin sieht die Politikwissenschaft einen Formwandel, bei dem partizipative und kommunikative Elemente an Bedeutung gewinnen.[17]

Der veränderte Charakter der menschlichen Handlungen durch die moderne Technik, den Hans Jonas zum Anlaß für die Dringlichkeit einer neuen Ethik nimmt, hat zu einer Struktur- und Steuerungsveränderung des politischen Systems geführt. Anstelle des hoheitlichen Elementes zur Durchsetzung des Rechts und der politischen Maßnahmen dringen mehr kooperative und zusammenwirkende Elemente in das System ein. Mit »attischer Versammlungsdemokratie sind komplexe demokratische Systeme auf Dauer ebenso wenig zu regieren wie mit autoritären Führungsstrukturen«.[18]

Macht und Durchsetzungskraft verlieren ihren Stellenwert, je mehr durch »Politikverflechtung« die Kooperationspraxis und der

17 Ulrich Sarcinelli, 1990, S. 29.
18 Ebd., S. 44.

Koordinationsbedarf steigen. In der Realpolitik stellen die Analytiker hingegen fest, daß die Politik heute »eingeengt ist auf persönliches Durchsetzen«[19], obwohl dieses Durchsetzen im Sinne von Wiederwahl verstanden wird. Das Zusammenwirken dieser gegensätzlichen Tendenzen kann als eine der Ursachen für die Defizite des Systems und die Orientierungslosigkeit angenommen werden.

Sozialwissenschaftler weisen auf eine Änderung im Einstellungs- und Verhaltensrepertoire der Bürger hin. Die »partizipatorische Revolution« (Max Kaase) und das erhöhte Beteiligungsinteresse der Bürger, ihre Sympathie für unkonventionelle Bewegungen und Forderungen nach Selbstbestimmung und -verwirklichung werden von manchen Analytikern als Übergangsphase der Untertanenkultur zu einer Staatsbürgerkultur bewertet, wobei ein Teil der Kritiker darin ein Anzeichen der Legitimitäts- und Akzeptanzkrise der »traditionellen Vermittlungsinstanzen mit den Volksparteien an der Spitze«[20] sieht.

Diese sozialen Umwälzungen haben die Grundidee der Demokratie, nämlich Kampf um eigene Macht, nicht geändert. Die Parteien müssen im Pluralismus stärker und machtvoller werden. Dieser Zwang in einem veränderten sozialen Umfeld führt zu Entwicklungen, die in der Scheuch-Studie als Krisensymptome bewertet werden. Die Konzentration der Politiker und politischen Parteien auf eigene Machtkonsolidierung in einer schwierigen Lage wirkt hemmend auf das Verantwortungsbewußtsein der Politiker und auf sachliche Problemlösungen. Die ungelösten politischen Fragen emotionalisieren die wohlstandsfixierten Bürger und veranlassen sie zu verantwortungslosen Reaktionen. Das Ergebnis ist: Politikfrust, Austritt aus Parteien, sinkende Wahlbeteiligung, Wahlmüdigkeit, Bestrafung der eigenen Partei durch gezielte Stimmenthaltung oder Stimmabgabe für extremistische Parteien. Die Konzentration auf Machterwerb und Machterhalt führt, trotz der enormen rechtlich-administrativen und kommunikativen Mittel, zu dem Steuerungsdilemma der Demokratie.

Es herrscht in allen Demokratien eine Diskrepanz zwischen Bürger- und Politikermotivationen. Erstere sind nur auf eigenen

19 Erwin K. und Ute Scheuch, 1993, S. 115.
20 Elmar Wiesendahl, 1989, S. 91.

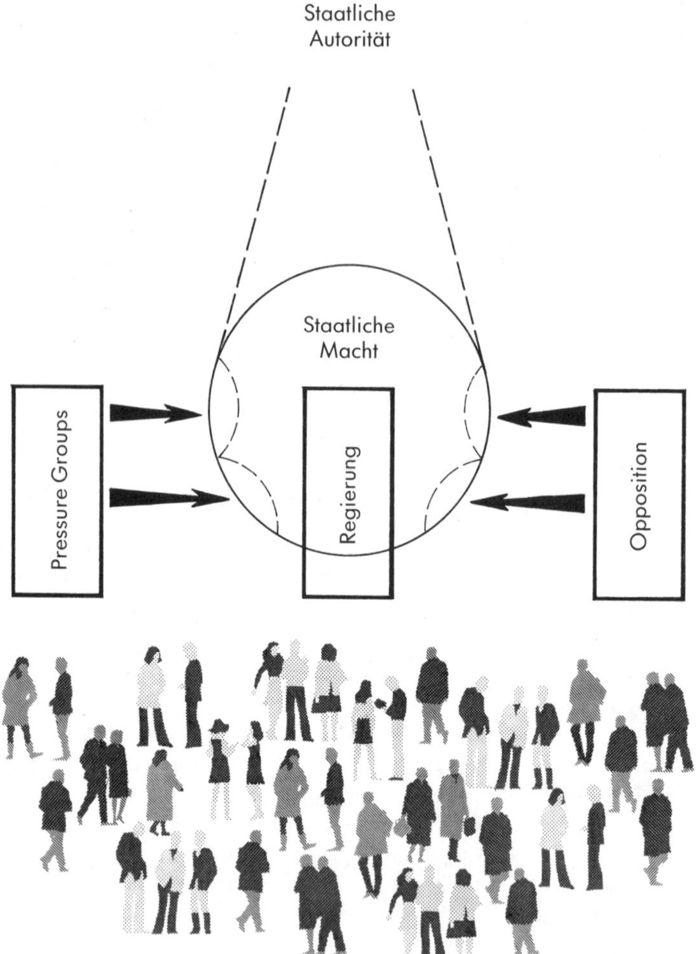

Abbildung 1: Das konfrontative Modell der Demokratie

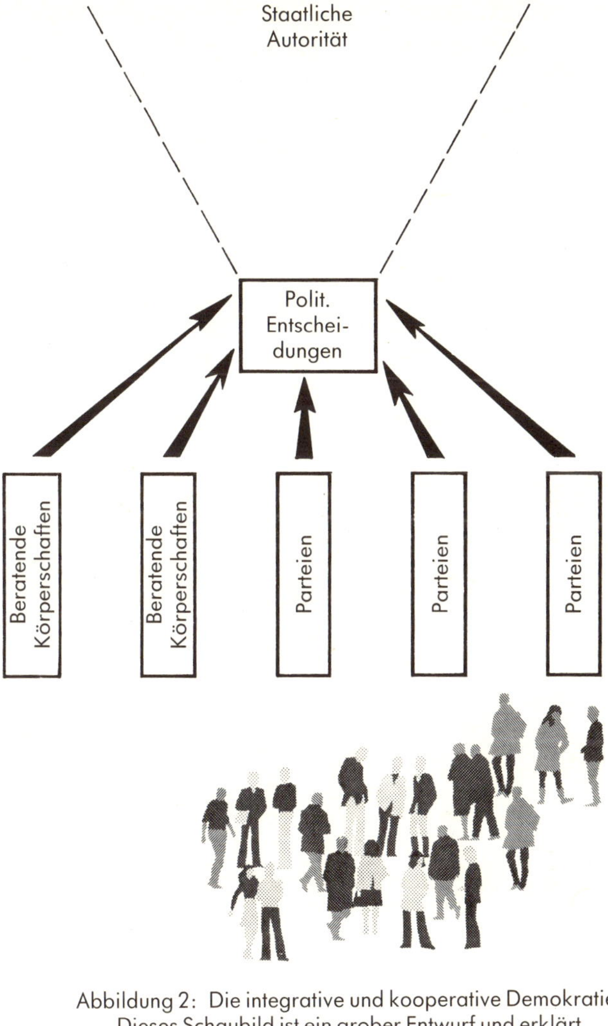

Abbildung 2: Die integrative und kooperative Demokratie. Dieses Schaubild ist ein grober Entwurf und erklärt kein Demokratiemodell.

Wohlstand fixiert, letztere auf eigene Macht. Es fehlt eine einheitliche Erklärung der Hauptzwecke der Politik. Diese begriffliche Konfusion ist auch in der politischen Theorie festzustellen. Die Politik wird theoretisch als eine rationale Veranstaltung zur Formulierung und Durchsetzung von allgemein verbindlichen Zielen erklärt. Die Idee des Gemeinwohls ist im Pluralismus nicht a priori gegeben. Sie muß durch den Streit der Interessen und der Machtgruppen immer wieder neu gefunden werden. Das Dilemma der politischen Praxis liegt darin, daß die komplexen und weitreichenden Probleme durch ihre bloße Formulierung als Wahlthema oder, wie in der »neuen Politik« (Scheuch), durch »symbolisches Management« nicht zu lösen sind. Die politische Theorie spricht von einer »Realpolitik«, die der Realität der heutigen Gesellschaft nicht entspricht. Wir erleben eine unrealistische »Realpolitik«.

Der Hauptschauplatz der Politik liegt heute noch wie vor etwa 70 Jahren bei den Wahlen, der Arena der Machtkämpfe. Dieser erste politische Akt ist ein Haupthindernis für tatsächliche politische Arbeit und eine Fallgrube für Wahllügen, Machtmißbrauch, Vorteilsnahmen und Korruption. Der Bürger interessiert sich hingegen für konkrete Inhalte und kompetente Problemlösungen, die nach der Scheuch-Studie in der heutigen Politik einen untergeordneten Stellenwert haben. Die Bürger und Politiker setzen unterschiedliche Prioritäten. Dies ist eine weitere Ursache für die Unzufriedenheit der Wähler. Eine grundlegende Veränderung kann nicht an diesem Widerspruch vorbeigehen.

Mit dem Eintritt der Zivilisation in eine Sphäre der Verantwortung ist die Annahme der selbstsüchtigen Macht als Grundkategorie der Politik unhaltbar. Die negativen Folgen der Machtkämpfe sind plausible Gründe, die Machttheorie für das heutige komplexe System als falsifiziert zu erklären. Die Falsifikationskriterien werden im folgenden auf eine kurze Formel gebracht:

– Die Rationalität der Macht, die Max Weber gefordert und gepriesen hat, scheint heute die Quelle von Irrationalität, Unordnung, Protest und Gewaltausbrüchen zu sein. Das professionalisierte Machtstreben führt zur Bildung von Cliquen und politischen Kartellen, zur Korruption und zu politischen Skandalen. Die Dynamik des Kampfes um Macht läßt bestimmte Verhaltensweisen zu. Ziel jedes Kampfes ist der Sieg. Die Handlungen, die dieses Ziel (Machtgewinn) näherbringen, sind rational. Sieg im politischen Kampf heißt, den eigenen »Willen zu einem Mehrheitswillen zu machen«.[21] Die Mittel, die den Politiker zur Gewinnung der Mehrheit führen – im Rahmen eines *Fair play* –, sind rational. Genau diese Art der Rationalität ist ein Hindernis für die Effektivität der Demokratie. Deshalb muß dieser Begriff umgedeutet werden. Rational ist das, was die Effektivität der Demokratie steigert.

– Die Beeinflussungsversuche der Parteien setzen das Wettbewerbsmodell außer Kraft. Die gefilterten und manipulierten Informationen hindern den freien Wettbewerb und machen es den Wählern unmöglich, die richtige Wahl zu treffen.
– In einer gerechten Gesellschaft müssen die Interessen aller Betroffenen in dem Entscheidungsprozeß berücksichtigt werden. Die Abgeordneten müssen, wie es im Grundgesetz steht, Vertreter des ganzen Volkes sein. Die Spielregeln der Macht verstoßen aber gegen dieses Gesetz und klammern die Interessen, die nicht konfliktfähig sind, wie die der Kinder, der kommenden Generation, der Alten, der Natur usw., aus. Das Ausgleichsideal des Pluralismus wird in der Praxis durch die Dynamik der Macht und den Druck der mächtigen Verbände widerlegt.
– Faktisch ist es heute weder möglich noch wünschenswert, die politischen Entscheidungen hierarchisch und eindimensional von Vertretern einer Partei ohne Mitwirkung der anderen sozialen Gruppierungen zu treffen. Manche Experten sehen in der Einführung des Volksentscheids einen Ausweg aus der Krise der Demokratie. Solange aber die Macht als Grundkategorie der Politik breite Anerkennung hat, verschärft die Aktivierung der Bürger und ihr Mitwirken im politischen Prozeß – ungeachtet durch welche Institutionen oder Verfahren – die Krise der Demokratie, die in der Tat die Krise des Machtmißbrauches ist.
– Der anstrengende Kampf um Macht mit seinen Unsitten und korrupten Begleiterscheinungen verhindert, daß viele kompetente Persönlichkeiten die politische Arena betreten. Dies führt zu einer Verarmung des politischen Potentials.
– Das Streben nach Macht ist ein Hindernis für die Erfüllung der

21 M. Hättich, 1991, S. 77.

politischen Verantwortung. Der Politiker verliert dadurch viel Energie, die er für die Erfüllung seiner politischen Aufgaben benötigt. Im Kampf um Macht kann die Politik häufig nur kurzfristige Entscheidungen berücksichtigen, langfristige Sachfragen werden oft vernachlässigt, da sie sich für die politische Werbung nicht als angemessen eignen.

- Durch den aufwendigen Kampf um die Macht und die ständige Konzentration der Politiker auf Machterwerb und Machterhalt wird die Qualität der Entscheidungen gesenkt. Dies erzeugt bei gut informierten Bürgern Ärger und schadet der Glaubwürdigkeit der Demokratie.
- Wenn die Wahlen mit Entscheidungen über Sachfragen verbunden wären, würden die Politiker gezwungen sein, auf ihre Versprechungen einzugehen. Diese oft unrealistischen »Lösungen« erweisen sich später als »Wahllügen« und führen zu Politik- und Parteienverdrossenheit und schließlich zum Vertrauensverlust der Bürger gegenüber politischen Institutionen.
- Die heutigen komplexen Gesellschaften sind zugleich ökonomisch und technisch leicht verletzbare Systeme, die keine Unzulänglichkeiten und grobe Fehler ertragen können. Die Probleme nach dem Prozeß der Vereinigung der deutschen Staaten sind ein Beweis dafür. Inwieweit ist das auf Kampf um Eigeninteressen gerichtete und moralisch entlastete Konfliktregulierungsmodell der liberalen Demokratie für die bevorstehenden Probleme tragfähig?

In einer Zeit der »großen Veränderungen« sind Probleme wie Gewalt und Armut, Verlust der Werte und Politikverdruß, ökologische Desaster und technologische Umwandlung, Migrationsdruck und internationale Verteilungskämpfe gewaltiger, als man denkt; die Opposition könnte durch »zündende Blitze« und »klare Positionen« wirkliche Alternativen anbieten. Die Stabilität in der Demokratie stützt sich auf die Legitimität; »Legitimität gilt als Maß für Stabilität«.[22] Angesichts der eminenten Herausforderungen, die zur Orientierungslosigkeit der Politik in allen westlichen Demokratien geführt haben[23], gewinnt die Frage der Effektivität der Systeme

22 Jürgern Habermas, 1992/b, S. 352.
23 Ebd., S. 13.

mehr und mehr an Bedeutung. Die Stabilität der heutigen Demokratien kann durch mangelnde Effektivität gefährdet werden. Die Gefahr, daß unzufriedene, aktive Wähler, welche die Demokratie befürworten und Gewalt ablehnen, trotzdem extremistische Parteien wählen, weil sie der eigenen Partei einen Denkzettel verpassen wollen, darf nicht unterschätzt werden.

In einer Regierungsform, die vom Volk ausgeht, muß das ganze Volk für die Ordnung und die Effektivität verantwortlich sein. In der Realität lähmen das Streben nach Macht und das Durchsetzen des eigenen Willens das verantwortungsbewußte Handeln. Das Paradigma ist in der Demokratie, wie in allen anderen Herrschaftsformen, die *Macht*. Sie äußert sich in der Überlegenheit des stärkeren Interesses und des stärkeren Willens. Dies entspricht dem Grundsatz des Sozialdarwinismus – dem *Überleben der Stärkeren*. Indem der Mensch diesen Grundsatz verinnerlicht und verwirklicht hat, hat er die Natur an den Rand der Katastrophe gebracht, viele Tier- und Pflanzenarten vernichtet und die Erde verseucht. Deshalb muß nicht mehr die *Stärke*, sondern die *Verantwortung für den Schutz des Daseins* ein Gebot der Vernunft sein.

Die Kantsche »praktische Vernunft«, die imstande sei, das friedliche Zusammenleben eines Volkes von Teufeln zu ermöglichen, wird in den komplexen Systemen durch die Dynamik des Kampfes um Macht außer Kraft gesetzt. In einem Konkurrenzkampf handelt es sich nicht um vernünftige Sätze (Habermas), sondern um populäre Formulierungen. Für welche Verfahrensformen die Demokratie sich auch entscheiden mag, ob für direkte oder repräsentative, das Paradigma der Macht ist in bezug auf Stabilität und Effektivität der Demokratie irrational. Für den *Machtgenuß* und das *Prestigegefühl* der kampflustigen und auf Eigeninteressen ausgerichteten Individuen bleibt der Kampf um die Macht jedoch weiterhin attraktiv und rational.

Um die Stabilität der Demokratie zu sichern, muß eine Vertrauensbasis zwischen den Bürgern und der politischen Klasse hergestellt werden. Umfragen zeigen eine steigende Sensibilität der Bürger gegenüber der machtorientierten Haltung der Politiker. Die Scheuch-Studie berichtet von den Ergebnissen einer Umfrage, in der unter 18 erfaßten Einrichtungen und Organisationen die Parteien auf der Vertrauensskala den letzten Platz einnehmen, während das

Bundesverfassungsgericht an der ersten Stelle liegt.[24] Wahrscheinlich ist der unparteiische Charakter des Bundesverfassungsgerichtes ein wesentlicher Faktor dafür.

Solange das Paradigma der Macht und des Kampfes in der Gesellschaft vorherrschend ist, kann keine tiefgreifende Änderung stattfinden. Die bessere Auswahl der Kandidaten für Führungspositionen in der Politik oder die Einführung des Volksentscheids führen zu keinem wesentlichen Durchbruch, wenn die Spielregeln der Macht die Politik determinieren. Bei gleichbleibenden Strukturen werden die »besseren Kandidaten« keine andere Wahl haben, als die Regeln des Nullsummenspiels der Macht zur berücksichtigen und auf den eigenen Machterhalt bedacht zu sein. Die Beteiligung des Volkes bei gleichbleibenden Regeln kann das Spiel um Macht weiter dramatisieren. Eine tiefgreifende Reform soll sich vor allem mit einer gesellschaftspolitischen Wertordnung und menschlichen Motivationen auseinandersetzen. Sie muß zu einer Einigung über den Hauptzweck und Hauptschauplatz der Politik gelangen und den Akteuren nicht nur moralisch, sondern strukturell die Möglichkeit verschaffen, verantwortungsbewußt zu handeln. Die Verantwortungsfähigkeit – damit ist auch die Distanz zur selbstbezogenen und selbstsüchtigen Macht gemeint – soll wesentliches Kriterium der Wiederwahl werden.

3. Begegnung der Theorie mit der Realität

In den empirischen Wissenschaften wird eine Theorie durch die Feld- bzw. Laborexperimente verifiziert oder falsifiziert. In den Sozialwissenschaften, in denen Gegenstand der Forschung der Mensch und sein soziales Umfeld ist, stellt dieser Prozeß einen komplexeren Vorgang dar als in den Naturwissenschaften. Deshalb ist es notwendig, Modelle aufzustellen. So läßt sich prüfen, ob eine Theorie sich bewähren kann.

Die Idee einer Theorie der politischen Verantwortung wurde aufgrund eines bereits funktionierenden Modells, der Baha'i-Verwal-

24 Vgl. E. K. und U. Scheuch, 1993, S. 40.

tungsordnung, formuliert. Dieses Studienmodell verkörpert eine weltweite Glaubensgemeinschaft, die keine Kirche und keinen Klerus kennt. Sie ist in 173 unabhängigen Ländern und 45 abhängigen Territorien und unter 2112 Volksgruppen[25] verbreitet und verwaltet im Rahmen der von dem Stifter festgelegten freiheitlichen Grundwerte ihre Angelegenheiten durch demokratische Institutionen, die den Anspruch erheben, ein Modell zukünftiger Gesellschaftsordnung zu sein. Dieses System der beratenden Körperschaften vereint die besten Elemente der Basisdemokratie mit der Möglichkeit einer weltweiten Koordination. Es ermöglicht eine Selektion der geeigneten Repräsentanten, beinhaltet Schutzmaßnahmen gegen Korruption und stellt ein Gleichgewicht zwischen persönlicher Freiheit und Gemeinschaftsgefühl her. Seit Mitte des 19. Jahrhunderts (1844), zu einer Zeit, als die erste industrielle Revolution gerade ihren Anfang nahm, wandte sich der Stifter des Baha'i-Glaubens den zentralen Problemen zu, von deren Beseitigung das Überleben der Menschheit abhängt.

Neben ethischen Grundsätzen wie Glaube an Gott, Nächstenliebe usw. zielen die zentralen Gedanken des Baha'i-Glaubens in erster Linie auf die Überwindung aller religiösen, rassischen und gesellschaftlichen Vorurteile, auf die Abschaffung extremer Armut und extremen Reichtums, auf die Harmonie zwischen Religion und Wissenschaft, auf die Gleichwertigkeit von Mann und Frau, auf die Trennung von Religion und Politik, auf die Anerkennung der Zusammengehörigkeit der ganzen Menschheit und die Schaffung eines neuen Ethos, der eine allumfassende Liebe zur ganzen Menschheit voraussetzt. Die Baha'i-Religion verkündet die fortschreitende, zyklisch wiederkehrende Gottesoffenbarung, die als eine lebendige, verwandelnde Kraft dem Gesetz des »Stirb und Werde« unterworfen ist. Deshalb versteht sie sich »nicht als neuer Weg zur Seligkeit«[26], sondern als ein Glied in der Kette der göttlichen Religionen, die gemäß den Zeiterfordernissen ständig erneuert werden müssen. Die Entwicklungsgeschichte ist nach vorn offen.

25 Vgl. Baha'i World Centre, The Six Year Plan 1986 1992. Summary of Achievements. Haifa 1993. Dazu noch: Was ist die Baha'i Religion. In: Menschen anderer Religionen kennenlernen. Eine Einführung des »Comittee for other Faiths« der Bischofskonferenz von England und Wales für die katholische Gemeinde, Nr. 8.

26 Udo Schaefer, 1990, S. 53.

Damit die individuelle Denk- und Gewissensfreiheit von Geburt an gesichert wird, gibt es in der Baha'i-Religion keine Taufe. Jeder Mensch ist verpflichtet, durch individuelle Erforschung der Wahrheit seinen Glauben auszusuchen und durch eigene Überzeugung diesen zu praktizieren. Das Bekehren des anderen Menschen zum eigenen Glauben ist in der Baha'i-Religion strikt verboten. Gott offenbarte seine Gesetze aus Liebe zum Menschen, und der Mensch ist frei, diese anzunehmen oder abzulehnen.[27] Die Nachteile der Nichtbefolgung treffen den Menschen und seine Gemeinschaft. Da der Mensch für sein eigenes Glück und das Wohlergehen der Gesellschaft verantwortlich ist, soll er aus Einsicht und nicht aus Angst vor jenseitiger Strafe die Gebote befolgen.

Der Wertesubjektivismus[28] und die ethische Beliebigkeit sind potentielle Gefahren für die Freiheit und die individuellen Rechte. Die ethischen Werte, welche die Freiheit der Individuen und sozialen Gruppen sichern sollen, dürfen in einer gerechten demokratischen Gesellschaft kein Werkzeug der Mehrheiten sein. Die europäische Geschichte des 20. Jahrhunderts bezeugt, wie Demagogen und Diktaturen die Mehrheit manipuliert und ihre Stimmen für die eigene Herrschsucht und Habgier ausgenützt haben. Die soziomoralischen Normen müssen a priori in der Demokratie fest begründet und vor Stimmungen und Emotionalisierungen bewahrt bleiben.

Damit die Freiheit des Denkens und der Entscheidung gewahrt wird, sind Beeinflussungsversuche und Manipulation gegenüber anderen Menschen in der Baha'i-Religion untersagt. Die Macht des Menschen drückt sich im Ausmaß seiner Verantwortungsfähigkeit, Dienstbereitschaft, in seinen Kompetenzen und seinem demokratischen Verhalten, jedoch nicht in seiner autoritären Durchsetzungskraft oder seinem selbstdarstellerischen Talent aus.

Das Weltbild der Baha'i-Gemeinde ist durch friedliche, internationale Beziehungen geprägt. Wie im Laufe der langen Geschichte die Einheit der Familie, des Stammes, des Stadtstaates und des Nationalstaates erreicht wurde, so ist die Anerkennung der Ganzheit

27 Vgl. Udo Schaefer, 1994, S. 22.
28 Vgl. Werner Becker, 1982.

und Zusammengehörigkeit der Menschheit die nächste Stufe der Entwicklung, die zur Errichtung eines föderativen Weltgemeinwesens führen soll. Dieses planetarische Bewußtsein und die Anerkennung der unauflöslichen Interdependenz der verschiedenen Nationen, Rassen und Klassen der Welt setzt eine geistige Neuorientierung voraus.

Die Menschheit tritt in eine Sphäre der globalen Verantwortung, in der das Individuum, bei Beibehaltung seiner Individualität und freier Entfaltung, für das Ganze verantwortlich ist. Harmonie und Einheit bedeutet in der Baha'i-Religion, die Verschiedenheit der Menschen und ihre Gedanken- und Interessenvielfalt als eine Wirklichkeit anzuerkennen und zu lernen, dafür Verständnis zu haben. Dafür liefern die Baha'i-Gebote und -Gesetze eine geistige Grundlage und neue Methoden für nichtkriegerische Problemlösung und reibungslose Konfliktregulierung. Die Pluralität der Meinungen und Vielfalt der Interessen sind der menschlichen Gemeinschaft immanent. In einem System der Abhängigkeit der Menschen, Klassen und Nationen voneinander wirkt das Freund-Feind-Denken selbstmörderisch.

Die Errichtung eines föderativen Gemeinwesens mit internationaler Legislative, bindender Schiedsgerichtsbarkeit und exekutiver Gewalt und die Schließung eines Paktes kollektiver Sicherheit sollen den Völkern der Welt erlauben, ihre kriegerischen und ideologischen Antagonismen zu überwinden und solidarisch zusammenzuwirken. Darin sah der Stifter der Baha'i-Religion, Bahá'u'lláh, »einen Meilenstein auf dem Weg zur geistigen Verwandlung der Welt, die in der Fülle der Zeit zur Harmonie unter den Völkern, Rassen, Klassen und Religionen führen und eine neue Weltzivilisation hervorbringen wird«.[29] Er wandte sich im Jahre 1867 an die damaligen Herrscher der Welt in verschiedenen Botschaften und forderte sie zur Abrüstung und zur Schließung eines Paktes kollektiver Sicherheit auf, der den Krieg als Mittel der Politik auf Dauer ächten sollte.[30] Bahá'u'lláh machte zugleich deutlich, daß seine Aussagen nicht einen religiösen Herrschaftsanspruch begründen sollen. Seine Lehren beziehen sich mehr auf eine grundsätzliche

29 Udo Schaefer, 1990, S. 57.
30 Shoghi Effendi, 1977, S. 67.

Neuorientierung der Gesellschaft und Umwandlung der Menschenherzen.[31]

Die Ideale eines friedlichen Zusammenlebens sind für die Anhänger des Baha'i-Glaubens weder ein frommer Wunsch noch ein utopisches Ziel; sie sind konkret durchführbar infolge der administrativen Körperschaften der Baha'i-Verwaltungsordnung, die trotz kultureller Unterschiede weltweit demokratisch gestaltet ist. Die Baha'i-Gesetze sind »weit davon entfernt, auf den Umsturz der bestehenden Gesellschaftsordnung zu zielen«.[32] Sie versuchen vielmehr, »ihre Grundlage zu erweitern und ihre Institutionen in einer Weise umzugestalten, die mit den Bedürfnissen einer stets sich wandelnden Welt in Einklang steht«.[33]

Bereits Ende des 19. Jahrhunderts setzte sich die Baha'i-Weltgemeinschaft gegen militanten Nationalismus und Rassenhaß ein – in der Hoffnung, daß sich das Bewußtsein des Weltbürgertums bald dauerhaft verwandeln werde. Die Ordnung, in der die freien Menschen sich entfalten können, soll pluralistisch gestaltet sein, jedoch ist sie nicht von der Utopie einer schrankenlosen Freiheit und nicht von Anarchismus geprägt, der nur zu Chaos und Vernichtung führt. Die Absicht dieses weltweiten Gesetzes ist es, »weder die Flamme einer vernünftigen Vaterlandsliebe in den Herzen der Menschen zu ersticken, noch den Grundsatz nationaler Selbständigkeit abzuschaffen, der so wesentlich ist, wenn die Übel übertriebener Zentralisation vermieden werden sollen«.[34] Dieses weltweite Gesetz »übersieht weder die Verschiedenheiten der völkischen Herkunft, des Klimas, der Geschichte, Sprache und Überlieferung, des Denkens und der Gewohnheit, die die Völker und Länder der Welt unterschiedlich gestalten, noch versucht es, sie auszumerzen. Es ruft nach größerer Treue, stärkerem Bemühen als irgendein anderes, das je die Menschenwelt beseelt hat. Es besteht auf Unterordnung nationaler Regungen und Belange unter die zwingenden Ansprüche einer geeinten Welt. Es verwirft einerseits die übersteigerte Zentralisation und entsagt zum anderen allen

31 Bahá'u'lláh, 1980, S. 185.
32 Shoghi Effendi, 1977, S. 67.
33 Ebd.
34 Ebd., S. 68.

Versuchen der Gleichmacherei. Seine Losung ist Einheit in der Mannigfaltigkeit.«[35]

Das Menschenbild der Baha'i darf, wie alle anderen Aspekte, nicht unwissenschaftlich sein. Der Mensch besitzt zwei Naturen, eine physische oder materielle und eine geistige oder höhere Natur, die ihn zu kulturellen Errungenschaften befähigt.[36] Die Tatsache, daß der Mensch ein Produkt seiner Erbanlagen und seiner Erziehung ist, bestreitet weder die experimentelle Entwicklungspsychologie noch die Biologie. Die kriegerischen und kämpferischen Akte der menschlichen Geschichte und der Kampf ums Dasein spielen sich alle auf der materiellen Ebene der menschlichen Natur ab. Die kulturellen Erben und zivilisatorischen Werke, das Gefühl der Zusammengehörigkeit und Gemeinschaft mit anderen Menschen, die Hilfsbereitschaft und die Gefühle der Liebe und Zuneigung zu anderen Menschen sind Ausdruck des menschlichen Geistes. Je nach kulturellen Normen und ethischen Gesetzen wird die Erziehung die materiellen oder geistigen Fähigkeiten des Menschen betonen.

Die Baha'i-Verwaltungsordnung schaltet strukturell alle Elemente aus, die ein friedliches Zusammenleben der Menschen verhindern. Das Streben nach persönlicher Macht, im Sinne der Dominanz und Beeinflussung der anderen, wird in allen Bereichen grundsätzlich abgelehnt, da dieses die Würde und die Gleichwertigkeit des Menschen verletze sowie die geistige Freiheit der Individuen einschränke.

Auf geistig-kultureller Ebene ist der Mensch auf die Gemeinschaft der Mitmenschen angewiesen. In harmonisch emotionaler Bindung an andere wird der Mensch fähig, seine Individualität zu entfalten. Er hat das Recht auf die freie Entwicklung seiner Fähigkeiten, ist jedoch verpflichtet, die freie Entfaltung anderer zu gewähren und ihre Andersartigkeit anzuerkennen. Hier liegt der Ausgangspunkt der Pluralität. Pluralismus kann schwerlich erkämpft werden, er muß systemimmanent sein und allgemeine Zustimmung erfahren. Die entsprechende Verwaltungsordnung kann hier nur in aller Knappheit als ein Modell für die Verantwortungstheorie herangezogen werden.

35 Ebd., S. 68.
36 Abdu'l-Baha, 1973, S. 44.

In allen Städten, Ortschaften oder Dörfern, wo mindestens neun erwachsene Baha'i wohnen, wird jährlich ein Gremium durch direkte, freie und geheime Wahlen – ohne Wahlpropaganda oder Ernennung von Kandidaten – durch Stimmenmehrheit gewählt. Der Wähler soll sich während eines ganzen Jahres informieren über die Personen, die am besten in sich die notwendigen Eigenschaften des Pflichtbewußtseins, der Aufgeschlossenheit, eines hohen Sinns für Gerechtigkeit, der Aufrichtigkeit, der völligen Hingabe an die Wohlfahrt und die Interessen aller Mitglieder, eines wohlgeschulten Verstandes und reifer Erfahrung vereinen und seine Wahl ohne die leiseste Spur von Leidenschaft und Vorurteil, ungeachtet jeder materiellen Rücksicht treffen. Die Freiheit der Wähler darf unter keinen Umständen eingeschränkt werden. Es darf keinerlei Einfluß, kein Druck von irgendeiner Seite ihre Ansichten beeinträchtigen.[37]

Die Wahlpropaganda widerspricht dem Geist der Baha'i-Administration, weil dadurch die Freiheit des Wählers gefährdet und der Vorherrschaft von Eliten der Weg geebnet wird. Neben diesen Gefahren hat die Wahlwerbung noch den großen Nachteil, daß sie in den Wählern den Geist der Initiative und Selbstentfaltung auslöscht. Die Entwicklung von Verantwortungsbewußtsein bei jedem Wähler ist einer der elementaren Zwecke der Baha'i-Wahlverfahren. Die Bedeutung der individuellen Freiheit macht es dem Wähler zur Pflicht, ein aktives, gut unterrichtetes Mitglied der Gemeinde zu sein. Um eine weise Auswahl treffen zu können, muß er in ständigem Kontakt mit anderen Gemeindemitgliedern sein, echtes Gemeinschaftsbewußtsein entwickeln und Verantwortungsgefühl für Dinge erlangen, die im allgemeinen Interesse stehen.

Die gewählten Gremien sind mit einer Amtsgewalt bekleidet, die sie zu Handlungen und Entscheidungen befugt, ohne sich nur vor ihren eigenen Wählern verantworten zu müssen. Sie sind vor ihrem Gewissen und *für die ganze Gemeinschaft* verantwortlich. Die Autorität entsteht durch die pluralistisch und demokratisch gefaßten Entscheidungen dieser Gremien. Die Vertreter besitzen außerhalb der Sitzungen keine individuelle Macht oder Privilegien.

37 Baha'i Wahlen. Eine Textsammlung der Forschungsabteilung des Universalen Hauses der Gerechtigkeit über Heiligkeit und Wesensart der Baha'i-Wahlen. Hofheim-Langenhain 1990, S. 9.

Die Entscheidungsbildung in den Baha'i-Gremien erfolgt nach einem neuen Modell, das eher ein Plussummenspiel darstellt. Die Mehrheiten bilden sich nicht aufgrund der Interessenvertretung oder vorheriger Abmachungen. Sie sind ein Ergebnis der freien, offenen und gegenseitigen Beratung der Mitglieder. Die Beteiligten sind verpflichtet, in völliger Ergebenheit, Freiheit, Höflichkeit, Würde, Sorgfalt und Mäßigung ihre Ansichten zum Ausdruck zu bringen und zugleich Starrsinn und hartnäckiges Festhalten an der eigenen Meinung zu vermeiden. Nach einer bedachten, aufrichtigen und gemeinsamen Beratung sollen sie mit Ernst, Überzeugung und Mut ihre Stimme abgeben. Die Stimme der Mehrheit soll vorbehaltlos durchgesetzt werden. Es besteht eine Unterscheidung von grundlegender Bedeutung zwischen dem Rat als Institution und den Personen, aus denen er besteht. Die Mitglieder sind keinesfalls als vollkommen, oder im Vergleich zu ihren Mitgläubigen als von Amts wegen überlegen anzusehen.

In jedem Land wird jährlich ein Nationaler Rat gemäß dem Prinzip proportionaler Vertretung durch die Abgeordneten der örtlichen Gemeinden gewählt. Die Mitglieder des obersten gesetzgebenden Organs (mit dem Sitz in Haifa/Israel) werden alle fünf Jahre durch die Mitglieder der Nationalen Räte gewählt. Parallel zu diesen Organen besteht ein Berateramt als Zwillingspfeiler mit spezifischen Aufgaben, jedoch ohne jegliche gesetzgeberische Autorität. In jeder lokalen Gemeinde findet monatlich ein Fest oder eine Versammlung statt. Diese Zusammenkunft hat eine grundlegende administrative Bedeutung und stellt eine bedeutende Komponente der Basisdemokratie dar.

Das Programm des Festes besteht aus drei Teilen: Der erste Teil hat gänzlich geistigen und meditativen Charakter. Der zweite Teil besteht aus allgemeiner Beratung über die Angelegenheiten der Gemeinde. Hier haben die einzelnen Mitglieder die Möglichkeit, ihre Standpunkte, Vorschläge und Wünsche zu äußern und zur allgemeinen Beratung zu stellen. Der Vorsitzende des Lokalen Rates leitet diese Versammlung. Der Sekretär des Rates ist verpflichtet, die Vorschläge, die Fragen, die Empfehlungen oder die Einwände schriftlich dem Rat zu berichten. Die Antwort des Rates wird in darauffolgenden Zusammenkünften bekanntgegeben. Diese Versammlung ist ein offizieller Bestandteil der administrativen Ordnung. Der dritte Teil ist das materielle Fest und die gesellschaftliche Begegnung. Diese Verbindung der einzelnen Mitglieder mit den gewählten Institutionen auf einer vertrauenserweckenden Basis kann als ein Element der direkten Demokratie gelten. Doch die Baha'i-Verwaltung ist kein vollendetes Modell, sondern als flexibles und integratives System der Dynamik von Veränderungen unterworfen.

Die Baha'i-Verwaltungsordnung erhebt den Anspruch, über Mechanismen zu verfügen, die sie vor Starrheit bewahrt und dadurch »niemals zu irgendeiner Form von Despotismus, Oligarchie oder Demagogie entarten«[38] kann. Der Charakter dieser Verwaltungsordnung, die über alle Kontinente verstreut ist, widerlegt das Vorurteil, die Demokratie sei nur für bestimmte Völker oder Rassen realisierbar. Sie bietet sich deshalb als ein geeignetes Studienmodell weltumspannender Institutionen an, die strukturell die Ansätze einer friedlichen Kultur verkörpern und den Menschen zu geistiger Entfaltung verhelfen.

4. Fazit

Die Trennung von Politik und Religion ermöglichte der liberalen Demokratie, dem Rechtfertigungsmuster der Monarchie, in der die Krone als einzige souveräne Macht nur vor Gott verantwortlich war, die Grundlagen zu entziehen. Damit wurde der Berufspolitiker Träger der Macht und verantwortlich für den eigenen Erfolg. Seine Gewissensentscheidungen und seine Verantwortlichkeit vor Gott galten als Privatfragen und konnten deshalb nicht der staatlichen Kontrolle zugänglich sein. Während der Gesinnungsethiker nach seinem Gewissen entschied und den Erfolg seines Tuns Gott überließ, war es für die Funktionsfähigkeit der Demokratie erforderlich, den Berufspolitiker für seinen Mißerfolg und seine Verantwortungslosigkeit zu sanktionieren.

In hochtechnisierten und ökologisch gefährdeten Gesellschaften haben viele Entscheidungen unumkehrbaren Charakter und werden durch den Rücktritt des Politikers nicht wieder ausgeglichen.

38 Shoghi Effendi, 1977, S. 222.

Deshalb muß die Verantwortung a priori als Voraussetzung des politischen Handelns in die Struktur der Demokratie eingebunden werden. Die Macht des Politikers darf dann nicht mehr eigennützige und genüßliche Ziele verfolgen, sondern sie muß in den Dienst demokratischer Problemlösungen und Entscheidungen gestellt werden. Der Sinn und die Grenzen der selbstsüchtigen Macht muß in der Demokratie in Frage gestellt werden.

Die Macht des Politikers liegt in seinen Kompetenzen und nicht in seiner Tüchtigkeit, Wähler zu beeinflussen und Stimmen zu maximieren. In einer Informations- und Telekommunikationsgesellschaft werden die Wähler keine Schwierigkeiten haben, die Fähigkeiten des Kandidaten einzuschätzen. Sie verweigern ihre Stimme, wenn sie statt klarer Information ständig von machtbewußten Kandidaten manipuliert werden.

Die Verantwortungstheorie versucht das Paradigma des Kampfes um Macht durch ein Paradigma der verantwortungsbewußten Kooperation abzulösen. Die Macht konkretisiert sich jedoch in Kompetenzen, sie verweigert sich dem Befehl verderbter Wünsche und steht im Dienste der gerechten Entscheidungen. Der Gegenstand des Konkurrenzkampfes werden die Sachentscheidungen sein, und der Hauptschauplatz der Politik wird der Prozeß der Entscheidungsbildung werden. Die Wahlen dienen dazu, die kompetenten Volksvertreter auszusuchen. Dieses Paradigma bietet der Demokratie mehr Gelegenheit, die politischen Themen auf eine vernünftige und beratende Ebene zu stellen, die Bürger in den politischen Prozeß einzubeziehen – in welcher Form dieser realisiert werden mag – und gleichzeitig von ihnen Verständnis und Gemeinschaftsgefühl zu verlangen.

Der gewandelte Charakter der menschlichen Handlungen und die Komplexierung der Verhältnisse erfordern eine politische Neuorientierung. Das Nullsummenspiel der Demokratie verliert seine Wirksamkeit und an seine Stelle treten mehr koordinierende und kooperative Mechanismen, um das Wettbewerbs- und Konkurrenzmodell weiter funktionsfähig zu erhalten. Die bisher genannten negativen Folgen des eigennützigen Konkurrenzkampfes sind plausible Gründe, um die kausale Machttheorie als falsifiziert zu erklären. Sie wirkt in komplexen Demokratien kontraproduktiv, lähmt die Kraft der Vernunft und verringert die Effektivität des politischen

Systems. Die tiefgreifenden Reformen können dann wirksam werden, wenn das Paradigma nicht mehr Macht, sondern Verantwortung ist.

Die ethischen und sozialen Normen, die die Effektivität der Demokratie steigern und ihre Risiken bekämpfen, müssen das globale Denken mit persönlicher Freiheit verbinden und gleichzeitig die Individuen für soziale Ordnung und Gerechtigkeit verantwortlich machen. In der Verwaltungsordnung der Baha'i-Religion wird die individuelle Freiheit mit universellen sozio-moralischen Prinzipien in Einklang gebracht. Die Individualität erfährt in diesem System keine »Freiheit egozentrischer Souveränität, sondern souveräne Freiheit zur Dienstbarkeit«.[39]

39 Udo Schaefer, 1994, S. 56.

V. Formwandel der Demokratie – vom Protest zum koordinierten Wettbewerb

Die Konkurrenzdemokratie funktioniert nach bestimmten Regeln und einem klaren Freund-Feind-Muster. Die alten Feindbilder und die etablierten Fronten verschwinden allmählich durch soziale Umwandlung von der politischen Szene, und so erscheinen die Regeln des Nullsummenspiels und die darauf gerichteten Verhaltensweisen nicht mehr rationell. Die negative Leistungsbilanz aller Demokratien ist ein eindeutiger Beweis dafür.

Die demokratischen Wahlen sind ein Barometer für die Unzufriedenheit der Bürger. Meinungsforscher sehen in ungewissen Mehrheitsverhältnissen ein Zeichen der Krise. Was macht die demokratischen Wahlen so riskant und was kann daran geändert werden? Wo ist der Ort des Ausgleichs der Interessen? Wie kann die politische Meinungsbildung und Beschlußfassung ein Plussummenspiel werden? In der Politik sind noch immer die Spuren des autoritär-hierarchischen Denkens wirksam. Ist ein Demokrat verpflichtet, seine eigene Meinung, egal um welchen Preis, durchzusetzen? Oder ist er verantwortlich für gerechte und optimale politische Entscheidungen, die sich nicht im Wahlkampf, sondern im Prozeß der allgemeinen Beratung herausstellen? Was sind die wesentlichen Kriterien eines Berufspolitikers? Fehlen den heutigen Demokratien starke *Männer* mit autoritären und durchsetzungsfähigen Charakteren?

1. Das Neuland des kollektiven Handelns

Seit 1945 haben die westlichen Industriestaaten einen fundamentalen Wandel durchgemacht. Die Auflösung der Großgruppengesellschaft, die veränderten Arbeits- und Lebensverhältnisse und das Hervortreten neuer Risiken und Umweltprobleme haben seit den 70er Jahren ihren Einfluß auf die politische Ebene ausgeübt. Diese Prozesse änderten das Wesen der Interessenvertretung und die Beziehung der Bürger zu den Parteien und politischen Institutionen.

Im Mittelpunkt des Pluralismus steht die Interessenvermittlung oder die Schaffung der Bedingungen gegenseitiger Anerkennung von Ansprüchen unter Menschen oder Gruppen. Dieses demokratische Modell war in der Vergangenheit von außen durch totalitäre, radikale und autoritäre Tendenzen bedroht und mußte ständig seine Legitimität erkämpfen und bewähren. Von innen ist der Pluralismus durch eine andere Art von Konkurrenz- und Kampfgedanken geprägt. Die internen Rivalen sind, vereinfacht dargestellt, divergierende, machtbewußte Parteien, die um die Stimmen des Volkes und das davon abhängige Amt der Regierung konkurrieren. Nach den Wahlen verkörpert die Regierung die gesamte staatliche Macht und ist verantwortlich für die Etatentscheidungen. An der Gegenfront stehen einerseits die oppositionellen Parteien, welche die Regierung kontrollieren und Alternativlösungen formulieren, andererseits die Interessengruppen oder Verbände, die versuchen, auf die Regierung Einfluß auszuüben und ihre Interessen durchzusetzen. Volk und Medien stehen ebenfalls an der Gegenfront. Mit Hilfe des investigativen Journalismus nehmen Medien die Politiker und ihre Machtspiele unter die Lupe und helfen den Wählern, bei den nächsten Wahlen die Volksvertreter zu bestrafen oder zu belohnen (Abb. 3).

In den letzten zwei Jahrzehnten wurden die politischen Rahmenbedingungen durch eine Reihe von technologischen, ökonomischen und sozialen Wandlungen und Umwälzungen völlig geändert. Die

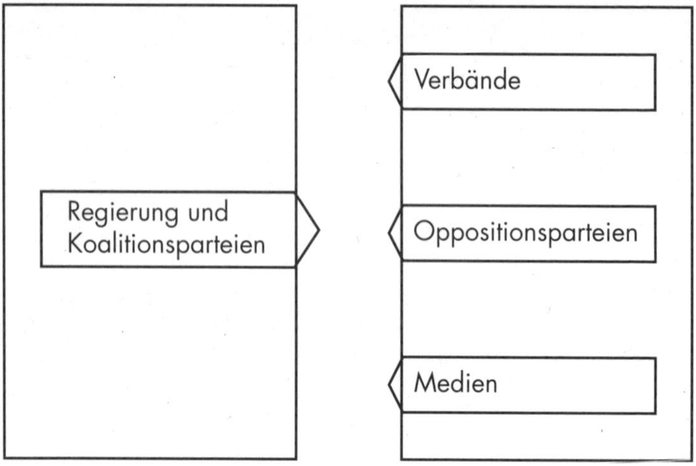

Abbildung 3: Die alten Fronten

»Verheißung der modernen Technik« ist in »Drohung umgeschlagen« (Jonas) und hat durch nichtausgrenzbare Risiken eine unübersichtliche Gesellschaft mit neuartigen kulturellen und politischen Kräften hervorgebracht. Die existentielle Brisanz der neuartigen Gefahren, welche die Menschheit vorher nicht kannte, führte zur größten Herausforderung des menschlichen Handelns. Der Mensch befindet sich plötzlich in einem »Weltdorf«, einem »Neuland kollektiver Praxis«, dem die tradierten Werte, Handlungsvorschriften und die Mechanismen der Interessenvermittlung fremd sind.

Das Vakuum des Werterelativismus der Moderne veranlaßte manche Philosophen und Wissenschaftler dazu, neue ethische Prinzipien zu entdecken, »um die neu erschienene Pflicht des Menschen jenseits des Wertsubjektivismus im Sein zu verankern«.[1] So entsteht ein neues Menschenbild: ein Mensch, der nicht nur für die Durchsetzung seiner Interessen kämpfen muß, sondern primär für die Bewahrung eines existentiellen kollektiven Interesses verantwortlich ist. Die Prioritätsordnung wird umgewandelt, und die *neuen Pflichten* der *neuen Macht* ändern die politischen Fronten. Das alte Bild von

1 Hans Jonas, 1984, S. 8.

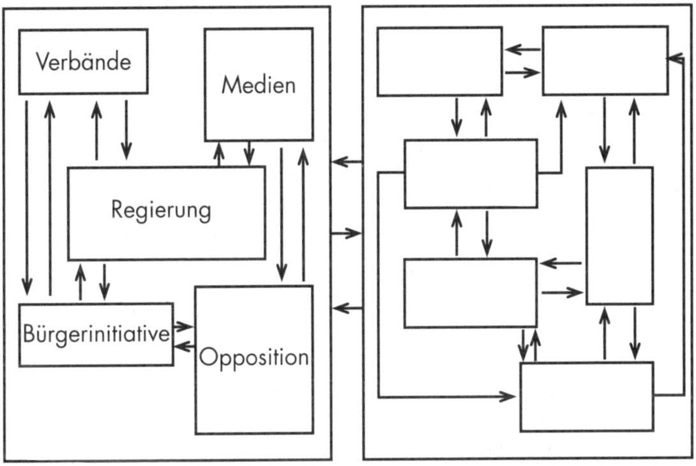

Verhandlungssysteme *Politische, wirtschaftliche und soziale Fragen*

Abbildung 4: Die neuen Fronten

Freund-Feind-Unterscheidung ist in der Realität völlig verändert. Es haben sich neue Fronten gebildet. Nun stehen auf der einen Seite die politischen Parteien, Opposition und Regierung, Verbände, Medien und unzählige Gruppierungen von Experten, Bürgerinitiativen usw. Sie sind alle durch ein Netz von gemeinsamen Interessen miteinander verbunden und begegnen zusammen dem Phantom der kollektiven Gefahren. Auf der anderen Seite steht ein Konglomerat der voneinander abhängigen Entscheidungen, von Problemen, die sich ständig ändern, aufeinander wirken und gleichzeitig zu neuen Feldern von Möglichkeiten und Risiken führen (Abb. 4).

Die Institutionen auf der anderen Seite der Front funktionieren weiter nach alten Regeln und etablierten Freund-Feind-Verhältnissen. Die Politiker, die unter dem Zwang stehen, nach dem alten Verhaltensmuster zu kämpfen, Stärke zu zeigen und sich von ihrem Machtinstinkt leiten zu lassen, werden zunehmend unfähig, den neuen Herausforderungen gerecht zu werden. Der Prozeß der Individualisierung und Wohlstandsorientierung einerseits und die Wahlversprechungen der Politiker andererseits verwirren die Wähler und führen zu unberechenbaren Reaktionen. Die Journalisten als Beobachter dieser Szenen werden, dank der fortschreitenden Technologie, einerseits besser in der Lage sein, die Bürger zu informieren, andererseits werden sie zu einem Machtpotential und zum Instrument der Parteien mit den gleichen Freund-Feind-Vorstellungen. Der Wandel der politischen Rahmenbedingungen steht außer Zweifel. Das Feld der Politik dehnt sich ständig aus und umfaßt immer mehr Lebensbereiche. Die politische Führung erscheint defizitär, weil der Staat durch seine Allzuständigkeit überfordert ist. Die ständige Ausdehnung der Politik führt zur Komplexität und Unüberschaubarkeit der demokratischen Prozesse.

Die Arbeit nach altem Muster macht es den Politikern immer schwieriger, die Zustimmung der Bürger zu gewinnen, da die Fronten heute völlig anders aufgeteilt sind. Die politischen Parteien sind in dieser veränderten Lage gezwungen, ständig nach neuen Machtmitteln und Taktiken zu greifen. Sie versäumen die Gelegenheit, die Bürger mit der Komplexität der Problemlage vertraut zu machen. Dadurch gewinnen die radikalen Parteien, die eine einfache Sicht der Dinge vermitteln und naive Lösungen anbieten, mehr Stimmen als erwartet, obwohl die Bereitschaft für Demokratie weit entwickelt ist.

Das Ergebnis ist Allmacht der Parteien, Machtbesessenheit der Politiker, Filz, »Cliquen, Klüngel und Karrieren« (Scheuch) und Politikfrust. Schließlich kann eine Entwicklung eintreten, die keiner gewünscht hat und allen schadet.

Die sozialen Umwälzungen haben zur Unangepaßtheit der vorherrschenden Muster der Interessenvermittlungssysteme geführt. Eine Reihe von Trends gelten in den Sozialwissenschaften als die Ursachen für diese Entwicklung: Anstieg des Lebensstandards, Bildungsexpansion und Qualifikationsänderungen, berufliche Differenzierung, innerbetriebliche Rationalisierungen, wohlfahrtsstaatliche Bedingungen, veränderte Lebensformen, enorme Entfaltung der Medien und schließlich neue Risiken der Industriegesellschaft haben die tradierten Gesellschaftsformen verändert und zu einer »Pluralität und Flexibilität der Vernetzbarkeit«[2] geführt. Diese Tendenzen deuten darauf hin, daß »die politischen Interessenvermittlungssysteme neuer Flexibilisierungen«[3] bedürfen.

2 Jürgen Fijalkowski, 1993, S. 90.
3 Ebd.

2. Die demokratischen Wahlen

Wer die Monarchie ablehnte, mußte sich mit der Problematik der Regierungsbildung auseinandersetzen. Für Max Weber wie für Schumpeter stand die Frage der freien Wahlen als einziges Mittel zur Bildung einer stabilen Regierung im Vordergrund der demokratischen Struktur. Die Schattenseite der Methode des Machtkampfes war bereits zur Zeit von Weber, Schumpeter und Fraenkel bekannt. Die Wahl einer stabilen demokratischen Regierung mußte in dieser Periode trotz aller Schwächen als Hauptanliegen der politischen Theorie ebenso wie der politischen Praxis hingenommen werden. Die Monarchie büßte ihre Funktion als Regierungssystem ein, die Diktatur und der Despotismus waren Schreckgespenste, die man vermeiden wollte. Allein die Demokratie als Regierung für das Volk könnte in der Lage sein, die Freiheiten zu retten. Die »cäsaristische Führerdemokratie« war innenpolitisch ein Ersatz für die unerwünschte Monarchie. Die Erziehung der Berufspolitiker war eine dringliche Aufgabe, um die jahrzehntelangen Defizite des monarchischen Systems auszugleichen. Die Masse des Volkes war aufgerufen, die demokratische Regierung zustande zu bringen; sie schien jedoch unreif für die politische Beteiligung. Die Äußerungen von Weber, Schumpeter und Fraenkel waren pädagogische Botschaften an die Adresse des Berufspolitikers und an das Volk gleichermaßen. Sie haben ihre Aufgabe mehr oder weniger erfüllt. Die Demokratie verfügt mittlerweile über aufschlußreiche Erfahrungen und eine Tradition der demokratischen Wahlen.

Im Pluralismusmodell herrschte eine ziemlich extreme Vorstellung von repräsentativer Demokratie, die lediglich durch Parteien verwirklicht werden konnte. Die Parteien waren ein Bindeglied zwischen Volk und Staat und in erster Linie Gestalter des Bürgerwillens. Diese Vorstellung wird seit den siebziger Jahren, wie die Meinungsumfragen registrieren, unzureichend erfüllt. Eine Reihe der politikwissenschaftlichen und soziologischen Studien befaßt sich mit der Funktionsveränderung der Parteien und ihren Entwicklungsstufen von traditionellen »Klassen- und Milieuparteien« mit ihren ideologisch-dogmatischen Fixierungen hin zu pragmatischen »Volksparteien« und schließlich der Entstehung von »Allerweltsparteien«[4]. Die Kritik an Parteiendemokratie darf heute nicht mit dem »Antiparteienaffekt«, der seit dem frühen 19. Jahrhundert durch die antipluralistische Staatslehre Hegels angeregt wurde, verwechselt werden. Die Motive der heutigen Protestwähler und Nichtwähler sollen nicht mit dem Harmoniebedürfnis der Monarchisten und dem »negativen Parlamentarismus«, von denen Max Weber sprach, gleichgesetzt werden. Die Tatsache, daß das bundesrepublikanische Parteiensystem zum erstenmal in der deutschen Geschichte die Anforderungen eines demokratisch-parlamentarischen Staatswesens – die Aufgaben der Regierungsbildung und -kontrolle und die Regierungsunterstützung sowie gesetzgeberische Funktionen – erfüllte, darf nicht außer acht gelassen werden.[5]

Die bewußten Stimmenthaltungen werden nicht als Krise der Demokratie gedeutet. »Die Zufriedenheit mit der Demokratie ist nach wie vor hoch.«[6] Im internationalen Vergleich weist die Akzeptanz des demokratischen Systems der Bundesrepublik hohe Werte auf. Die Unzufriedenheit mit politischen Parteien in der Bundesrepublik, wie in allen westlichen Demokratien, steigt trotzdem ständig, während die Legitimität der Demokratie von der Mehrheit der Bürger keinesfalls in Frage gestellt wird. Nicht die »Unregierbarkeit«, sondern die Handlungsunfähigkeit der Führungsschichten gibt Anlaß zu Bürgerprotesten. Dabei ist die Ursache der »Handlungsunfähigkeit« nicht in gesamtgesellschaftlicher Inkompetenz zu suchen, sondern in der Struktur der Demokratie, die dem Machtkampf erste Priorität verleiht und die Freund-Feind-Unterscheidung auf der persönlichen Ebene und innerhalb der sozialen Gruppen begünstigt.

Die wichtigste Funktion der Parteien ist heute praktisch die Nominierung der Kandidaten, die als Amtsinhaber durch die Wähler legitimiert werden sollen. Die zwei ursprünglichen Hauptaufgaben der politischen Parteien, nämlich die Gestaltung des Volkswillens und die Formulierung der Alternativlösungen werden heute unzu-

4 Vgl. Erwin K. und Ute Scheuch, 1993, S. 14. Dazu noch: Hartmut Wasser, 1988, S. 261.

5 Vgl. Hartmut Wasser, 1988, S. 262.

6 E. K. und U. Scheuch, 1993, S. 38.

reichend realisiert.[7] Die veränderte Bürgermentalität und die Komplexität und Unvorhersehbarkeit der politischen Entscheidungen sind zwei wichtige Einflußfaktoren, die bei dieser Entwicklung eine wesentliche Rolle spielen. Der mündige und gut informierte Bürger geht heute viel entschiedener und bewußter zur Wahlurne. Er läßt sich weniger manipulieren, verlangt nach mehr Entscheidungsfreiheit und ist skeptisch gegenüber der Rolle der Partei als Gestalterin seines Willens. Das Dilemma der politischen Willensbildung des Volkes durch Parteien liegt darin, daß das Hauptziel der Partei nach den Regeln der pluralistischen Demokratie das Erreichen des Wahlerfolges – und damit Machtgewinn – sein soll. Dieses Ziel soll erreicht werden, ohne Rücksicht darauf, wer kandidiert. Die Wahlthemen und Sachfragen dienen an erster Stelle diesem Zweck. Die Bürger, wie Umfragen klarstellen, haben eine andere Prioritätenordnung und interessieren sich vor allem für die politischen Inhalte und Problemlösungen. Diese Dichotomie der Politiker- und Bürgermotive wird zu einer Ursache für Mißtrauen und Verdrossenheit.

Die Forderungen, welche die politische Bildung an die aktiven Bürger stellt – »gegenseitige Anerkennung des Rechts auf Meinungs- und Bekenntnisfreiheit«[8], die Anerkennung des Menschen als ein »autonomes Subjekt«, Toleranz und »Achtung vor der Person des anderen«[9] –, setzen politisch reife Bürger voraus, die mit der willenlosen und passiven Masse, die Weber und Schumpeter kannten, nicht viel gemeinsam haben. Die Rolle der Demoskopie in Fraenkels Analysen war bereits ein Indiz dafür, daß die Bürgermentalität sich im Laufe der Zeit gewandelt und entwickelt hat. Die aufgeklärten Bürger und Journalisten beobachten aufmerksam die Machtkämpfe der Parteien und einzelner Politiker und kritisieren diese. Das Ergebnis ist Vertrauenseinbuße gegenüber der Politik im ganzen.

Die *Bildung* und *Formung des Willens eines anderen Menschen*, die Beeinflussung und das Aufzwingen der eigenen Meinung sind ein Eingriff in das private Denkvermögen von Menschen. Dabei

7 Vgl. Hartmut Wasser, 1988, S. 265.
8 Uwe Backes/Eckhard Jesse, 1989, S. 297.
9 Ebd., S. 298.

werden sie ihres freien Willens beraubt. Die Entfaltung ihrer Individualität und Initiative nimmt Schaden. Die »Durchsetzung des eigenen Willens« ist im Kern antipluralistisch und auch autoritär.

Den Willensbildungsprozeß des Volkes zu beeinflussen steht im Gegensatz zum Postulat freier Wahlen. Eine Wissenschaft, die konsequent handelt, muß sich nun korrigieren: Entweder ist das Volk unmündig, unreif und willenlos, wie es zur Zeit von Max Weber vorausgesetzt wurde, dann kann sein Wille durch Parteien von oben geformt werden. Demoskopische Erhebungen beweisen jedoch, daß das Volk sich entwickelt hat und einen eigenen Willen besitzt. Sonst wäre die kostspielige Wahlforschung ein sinnloses Unterfangen. Konsequenterweise muß die politische Theorie diesen Widerspruch, der intelligente Bürger ärgert, unbedingt klären.

Die Artikulierung der Bürgerwünsche und -bedürfnisse sind wesentliche Voraussetzungen für die politische Entscheidungsbildung. Diese kann jedoch in einem Prozeß des Machtkampfes und vor den Wahlen nicht ausreichend realisiert werden. Die Bürger sehen die Hauptfunktion der Politik darin, sich um bessere Lebensverhältnisse und gerechte Verteilung des Wohlstandes zu bemühen. Die Unmöglichkeit der Formulierung der politischen Entscheidungen und ihrer Umsetzungsformen im voraus, während einer Wahlkampagne, führte bloß zu einer symbolhaften Politikformulierung. Dadurch wurden das Mitreden und die Auseinandersetzung mit kurzlebigen Themen in den Medien erleichtert; die komplexe politische Sachentscheidung wurde vereinfacht und spektakulär dargestellt. Die Verteidiger dieser »neuen Politik« behaupteten, damit könne die Politik überzeugender in der Öffentlichkeit angeboten werden. Dafür brauche der Politiker jedoch mehr kommunikative Kompetenz anstelle von Sachkompetenz. Die Verarmung der politischen Inhalte und der zunehmende Kompetenzmangel sind Symptome, jedoch nicht die Ursache der Krise der demokratischen Systeme.

Die Reformbedürftigkeit des Parteiensystems ist nicht nur in der Bundesrepublik aktuell. In allen westlichen Demokratien beschäftigt sich eine Reihe von Experten, Gesetzgebern und erfahrenen Politikern mit den neuen Reformvorschlägen. Die tiefgreifenden Änderungen können jedoch ohne Nachdenken über die Funktion der Parteien in einem veränderten sozialen Umfeld, ohne Auseinandersetzung mit der Werte- und Prioritätenordnung, ohne Neugestaltung der sozio-moralischen Normen nicht eingeleitet werden. Bevor der Protest der Demokraten die Demokratie in Gefahr bringt, muß das Verhältnis des wählenden Bürgers und aktiven Politikers auf eine vernünftige Vertrauensbasis gestellt werden.

Die Verknüpfung der schwierigen und komplexen politischen Aufgabenstellungen mit Machtkämpfen der Parteien schadet dem Ernst der politischen Entscheidungen und der Glaubwürdigkeit der Demokratie. Was dem Ansehen der Politiker heute schadet, sind »Wahllügen« und manipulative »Reklametechniken«. Der in einer Informationsgesellschaft informierte Wähler erwartet vom Politiker mehr Sachlichkeit, Ehrlichkeit und Verantwortungsbewußtsein. Das Beispiel der deutschen Wiedervereinigung und der Wahlkampf im Jahre 1990 waren ein eindrucksvoller Beweis für diese Tatsache. Günter Hofmann versucht am Beispiel einer relativ kleinen Entscheidung die Bedeutung der außergewöhnlichen politischen Entscheidungen zu erklären.[10] Er zitiert den früheren Bundespräsidenten Richard von Weizsäcker: »Es gehe um Entscheidungen für lange Zeit, vielleicht für ein Jahrhundert.« »Am kleinen Beispiel«, so Hofmann, »hatte man plötzlich vor Augen, was man an der Bonner Politik vermißt. Das Jahr 1990, spürt man, hat alle Relationen verändert und die Gewichte verschoben. Die Dramen von gestern sind heute keine mehr. Wo es darum geht, ob eine ganze Gesellschaft integriert und dennoch ein Stück von ihrer Identität gerettet werden kann oder ob auf Dauer ein Deutschland zweiter Klasse entsteht, da ist es nicht so wichtig, wer bei welchem Winkelzug gerade gewinnt.«[11]

Die folgende Äußerung des Kolumnisten Klaus von Dohnanyi ist weit verbreitet: »Wenn ich die Menschen in Deutschland richtig verstehe, dann haben sie ziemlich scharfe Sinne für die Realität und wünschen sich von der Politik, wieder ernster genommen zu werden. Sie wollen als Wähler – um es mit Lessing zu sagen – weniger erhoben und dafür mehr beachtet sein.«[12] Die informierte Wählerschaft unterscheidet genau zwischen Wahrheit und »opportunisti-

10 Gunter Hofmann, Ein Kanzler ohne Unterbau. In: Die Zeit v. 26. April 1991.

11 Ebd., S. 3.

12 Klaus von Dohnanyi, Kolumne: Wünsche zu Weihnachten. In: Die Zeit v. 27. Dezember 1991.

schem Blödsinn«, wie Dohnanyi schreibt, und dann fragt sie sich: »Wen will man hier eigentlich für dumm verkaufen?«[13] Die eigennützigen Machtkämpfe und die »Reklametechniken« – alles legitime Bestandteile des Pluralismusmodells der Demokratie – machen »die Menschen unmündig«, »und da meine ich, wäre es schon nützlich, wenn die Politik wieder dichter aufschließen würde zu dem, was der gesunde Menschenverstand der Wähler längst erfaßt hat. Dazu bedarf es zunächst nur einer sehr viel stärkeren Prise Wahrheit in der politischen Debatte.«[14] Politikwissenschaftler kennen jedoch die Grenzen solcher Appelle, die in der Öffentlichkeit fast täglich zu vernehmen sind. Die politische Theorie kann diesen hohen Anforderungen nicht gerecht werden, solange keine andere demokratische Zielvorstellung vorhanden ist.

Gegen den Einwand, die Wahl könne nicht ohne Kampf und Reklame stattfinden, läßt sich die Wahl der Baha'i-Gremien als ein Modell der freien, allgemeinen und geheimen Wahlen ohne Propaganda anführen. Dieses Wahlsystem ist von den Vereinten Nationen als eine Option für Namibia vorgeschlagen worden.[15] Die Schlüsselworte für das Gelingen dieses Wahlmodells sind: Dezentralisation, wahrhafte Information durch die Medien, allgemeines Verantwortungsbewußtsein und die Erziehung zu Selbständigkeit.

Durch den Aufklärungseffekt der Medien – Pressefreiheit, Bildungsexpansion und Reisemöglichkeiten – entwickelte sich die »passive Masse«, wie Weber, Schumpeter und Fraenkel sie nannten, zu einer besser informierten Wählerschaft mit einer erheblich größeren politischen Partizipationsbereitschaft. Nun muß die klassische Machttheorie, die heute noch das politische Geschehen bestimmt, in einer vollkommen veränderten Landschaft operieren. Bildlich gesprochen: Im Zeitalter des Ultraschallflugzeugs muß der Politiker noch immer mit einer antiken »Hobbeskutsche« hin und her reisen.

13 Klaus von Dohnany, Kolummne: Wünsche zu Weihnachten. In: Die Zeit v. 27. Dezember 1991.

14 Ebd.

15 United Nations Institute for Namibia, Comparative Electoral Systems & Political Consequences: Options for Namibia. London 1989.

3. Ein pluralistisches Entscheidungsmodell

Die westlichen Demokratien sind durch eine dialektische Spannung zwischen Gemeinwohl und Interessenrepräsentation gekennzeichnet sowie durch das Bemühen, einen Ausgleich zwischen diesen beiden Prinzipien herzustellen. Die Vertreter der klassischen Theorie der Demokratie gehen davon aus, daß das Gemeinwohl aus dem Bewußtsein der Zugehörigkeit zu einer homogen strukturierten Gesellschaft erwächst. Dieser Gedanke eines *a-priori-Gemeinwohls*, der die Grundlage der marxistisch-leninistischen Regime darstellte, wird von den Anhängern der Konkurrenzdemokratie und der Pluralismustheorie als unrealistisch angesehen. In einer differenzierten Gesellschaft kann »das Gemeinwohl lediglich a posteriori als das Ergebnis eines delikaten Prozesses der divergierenden Ideen und Interessen der Gruppen und Parteien erreicht werden«.[16] Fraenkel sieht im Gemeinwohl keine soziale Realität, sondern eine regulative Idee, die in Kategorien des *Rechts* und der *Gerechtigkeit* zu verstehen ist, nicht in denen der Macht.

Wenn das Gemeinwohl als regulative Idee in den Kategorien des *Rechts* und der *Gerechtigkeit* zu begreifen wäre, stellt sich die Frage, wo diese regulative Idee am wirksamsten operieren soll. Parteiisch denken und handeln gehört nicht zu den Kategorien des Rechts und der Gerechtigkeit. Die Parteien denken und handeln in den Kategorien der Macht. Deshalb kann die regulative Idee des Gemeinwohls, die »eine pluralistische Gesellschaft zusammenhalten«[17] muß, nicht im Vorfeld der Wahlen, dem Feld der Machtkämpfe, am wirksamsten realisiert werden.

Autoritäre Durchsetzungskraft operiert in einer »homogen-harmonischen« Gesellschaft, dem Idealbild der Monarchisten und Totalitaristen, am effektivsten. Gegen diese Fiktion der konfliktlosen »Gesellschaft« wandten sich die Vertreter der Pluralismustheorie. Die Artikulation und Aggregation gesellschaftlicher Interessen, die Mobilisierung und Sozialisation der Bürger im System, die Elitenrekrutierung und Regierungsbildung oder ganz allgemein die Ausübung wesentlicher Elemente der politischen Herrschaftsfunktion

16 E. Fraenkel, 1991, S. 300.
17 Ebd., S. 62.

sind erfolgreiche Leistungen der pluralistischen Parteiensysteme in den westlichen Demokratien. Diese Errungenschaften dürfen weder unterschätzt werden noch ein Anlaß für die dogmatische Haltung in einer vollkommen veränderten Gesellschaft sein.

Eines der bedeutenden Innovationsgebiete scheint zur Zeit das Feld der Entscheidungsbildung zu sein. Die komplexen und undurchschaubaren sozialen Verhältnisse beeinträchtigen und erschweren den Prozeß der politischen Entscheidungsbildung. Die zögerlichen politischen Entscheidungen und ungelösten Probleme wirken negativ auf das Wahlverhalten der Bürger. Damit sich diese Entwicklung nicht zu einem unkontrollierbaren Problem ausweitet und das demokratische System in Gefahr bringt, müssen neue und effektive Entscheidungsmechanismen ausgedacht werden. Wenn die Politik als ein »Prozeß der Transformation von Interessen in Recht«[18] zu verstehen ist, tragen die Vertreter aller Interessen in einer gerechten Gesellschaft Verantwortung für den Ablauf der Politik und müssen im Prozeß der Vorbereitung einer Entscheidung mitverantwortlich sein. In einer pluralistischen Gesellschaft mit ihren Diversifizierungstrends wird die Verbindlichkeit der Entscheidungen dadurch erhöht, daß die Politik ein Plussummenspiel wird.

Die Vorverlagerung des Gemeinwohls in Wahlen, d.h. die Verbindung der Personenwahl mit Sachentscheidungen funktionierte zur Zeit Fraenkels. Heute ist diese Methode angesichts der dynamischen Veränderungen und Komplexität der sozialen Verhältnisse kaum realistisch. Die Unhaltbarkeit des Wahlversprechens (z.B. die »Steuerlüge« im Wahljahr 1990) führt konsequenterweise zu Unzufriedenheit und Politikverdrossenheit der Bürger. Dramatischer wurde die Auswahl der Asylrechtsänderung als Wahlthema für die Bundestagswahl 1994 durch die Unionsparteien. Die rechtsextremistischen Brandanschläge und schließlich die Änderung des Asylgesetzes im Mai 1993, ein Jahr vor den Wahlen, ist ein Beweis, daß die Verbindung der politischen Entscheidungen mit der Personalwahl nicht optimal funktioniert. Außerdem haben die Wähler nur die Möglichkeit, zwischen verschiedenen »Paketen« insgesamt zu entscheiden.

18 Jürgen Fijalkowski, 1993, S. 76.

Die Idee, »daß durch die Wahlen nicht nur der künftige Regierungschef bestimmt, sondern auch eine Entscheidung über Alternativlösungen getroffen werden soll«[19], diente Fraenkels Theorie als die Verwirklichung des *a-posteriori-Gemeinwohls*. Nach etwa dreißig Jahren zeigt die politische Praxis, daß diese Idee heute, angesichts der sozialen Umwandlungen, nicht mehr realistisch ist. Daher kann das *Gemeinwohl* als eine regulative Idee, die nach Gerechtigkeitsmaßstäben operieren will, nicht mehr im politischen Vorraum, während einer Wahlkampagne, wirksam sein. Es kann vor allem nicht symbolhaft durch mediengerechte und spektakuläre Darstellungen und allein durch eine Partei erreicht werden. Darin sind sich alle Demokraten einig, daß die Vielfalt der Meinungen und Interessen Grundbedingung einer funktionierenden Demokratie ist und daß nach geregeltem Wettstreit der Auffassungen der Mehrheitsbeschluß durchgesetzt werden muß. Die Frage lautet: Wo ist der richtige Ort und wann ist die richtige Zeit der Mehrheitsbildung und wie soll die Pluralität der Interessen und Alternativlösungen zum Gemeinwohl beitragen?

Ursprünglich wandte sich der Gedanke einer pluralistischen Welt- und Gesellschaftsdeutung gegen den vorherrschenden idealistischen Monismus, ein Leitbild Hegels. Der amerikanische Philosoph William James (1842–1910)[20] sprach sich Anfang des 20. Jahrhunderts gegen die monistische Vorstellung der Gesellschaft aus. Er führte die Gesamtheit aller Seinserfahrungen auf ein universales Grundprinzip zurück und entwarf das Konzept eines pluralistischen »Multiversums«. James verband damit die Idee der Einheit in der Vielfalt und erklärte den Kosmos des Lebens als werdenden Prozeß, der offen gegen die Zukunft, prägbar, verbesserungsfähig und offen für die handelnde Tat ist. In der politischen Theorie prägte das Spannungsverhältnis der Einheit und Freiheit die verschiedenen Entwicklungsetappen der Pluralismuskonzeption und forderte die Gleichheit und Freiheit der Genossenschaften und Verbände unter einem juristischen Dach und gegen die Oberhoheit des Staates. Im Mittelpunkt des politischen Pluralismus stand weiterhin die Frage der Durchsetzungsfähigkeit und Teilung

19 Ebd., S. 90.
20 Vgl. William James, 1914.

der Macht.[21] Die kausale Machttheorie und Konkurrenz um Macht haben ihre Gültigkeit bewahrt, und daher wurden alle Varianten der Pluralismusdemokratie ein Nullsummenspiel. Der verborgene Gedanke der Freund-Feind-Unterscheidung blieb weiterhin innerhalb des Systems wirksam.

Die Idee einer homogenen Gesellschaft mit ihrer Friedhofsharmonie ist längst überholt. Heute sind die politischen Systeme mit einer schicksalhaften Vielfalt in allen Bereichen konfrontiert. Angesichts der gewaltigen politischen Aufgaben wird die Frage laut, ob der Pluralismus sich im Organisieren von Parteien und ihrem Kampf gegeneinander erschöpfen muß. Weshalb sollen die Alternativlösungen nicht zum Prozeß der Entscheidungsbildung, dem Hauptzweck der Politik, beitragen können? Wenn die Parteien ein Teil des Ganzen sind und sich bei der Bewältigung von riesigen Problemen von der Mitarbeit der Bürger, Experten, Verbände usw. abhängig fühlen, weshalb beanspruchen sie das Monopol der Entscheidungen für sich?

In einer »Risikogesellschaft« scheint es verantwortungslos zu sein, die politischen Entscheidungen mit ständigem Blick auf die nächsten Wahlen zu treffen. Die im Wahlkampf zur Entscheidung stehenden Alternativlösungen können, wie bereits erwähnt, bloß in Form der Reklametechnik angeboten werden, damit sie ihren Zweck der Stimmenmaximierung wirksam erfüllen können. Das wußte Fraenkel ebenso wie Schumpeter.

Der Gedanke, daß das Volk mit entscheidet und die Wahlen »eine Fortsetzung der Parlamentsdebatte mit anderen Mitteln«[22] sind, scheint heute angesichts der schicksalhaften Komplexität und Dynamik der sozialen Entwicklungen nicht mehr wirkungsvoll zu sein. Sowohl in der politischen Theorie als auch in der politischen Praxis ist man sich dessen bewußt, daß die Wahlen der politischen Machtgewinnung und Stimmenmaximierung dienen. Die Wahlthemen und Alternativlösungen sind nur ein Hilfsmittel im Dienste der Parteien, um ihre Machtposition zu stärken. Wer behauptet, hier gehe es um politische Verantwortung oder um tatsächliche Problemlösungen, täuscht sich selbst oder will die anderen täu-

21 Vgl. Rainer Eisfeld, 1991, S. 485–488.
22 E. Fraenkel, 1991, S. 90.

schen: »Eine Idealisierung der Realitäten des Lebens wäre zweckloser Selbstbetrug.«[23]

Der klassische Liberalismus geht von der Annahme aus, daß der Mensch ein materielles Wesen und unverbesserlich egoistisch ist. In seinem Bemühen verfolge er lediglich eigene Interessen und Gewinnmaximierung. Aufgrund dieser Annahme haben die liberalen Demokratien ein konfrontatives Modell entwickelt, nach dem die Alternativlösungen vor den Wahlen konkurrieren. Dieses Modell hat ziemlich gut funktioniert, solange die sozialen Systeme relativ einfach und logisch geordnet waren und die Regierungen die Probleme nach einer hierarchisch-vertikalen Reihenfolge lösen konnten. Seit Ende des Zweiten Weltkrieges sind die Aufgaben der Regierungen jedoch enorm angewachsen. Die Sozialwissenschaftler weisen auf ein verändertes Netzwerk der Machtinstitutionen hin. Die sozialen Konflikte, die überwiegend Verteilungskonflikte waren, sind bisher durch Kompromißaushandlung der Interessengruppen und Parteien geregelt worden. In den heutigen »ökologischen Wegverteilungskonflikten« stehen sich die politischen Parteien, Gewerkschaften und vielen anderen Gruppierungen als Mit- und Gegenspieler gegenüber und sind abhängig voneinander. Diese unkontrollierte Abhängigkeit der Interessen in einem vernetzten System ist mit dem Entscheidungsmodell der Konkurrenzdemokratie, das aufgrund der Interessenvertretung aufgebaut worden war, unvereinbar.

Heute erfordern viele Problembereiche ein hochspezialisiertes oder technisches Wissen; außerdem sind die meisten Probleme so stark ineinander verflochten, daß sie kaum isoliert behandelt werden können. Die Regierungen müssen in solch kompliziertem Umfeld zwingend Handlungsmechanismen entwickeln, um die Probleme horizontal (d. h. in Verbindung miteinander) und vertikal anzugehen. Das hierarchisch-konfrontative Entscheidungsmodell der Konkurrenzdemokratie erweist sich für solche diffizile Aufgabenbewältigung als ungeeignet.

Die Annahmen des klassischen Liberalismus sollen angesichts der veränderten sozialen Lage kritisch überprüft und ergänzt werden. Die Liberalen wandten sich zunächst gegen die absolute Ent-

23 Max Weber, 1966, S. 85.

scheidungsgewalt der Herrschenden und verlangten die Freiheit der rechtlosen Bürger. Diese Freiheiten sind heute gesichert und allgemein anerkannt. Das liberale Modell der Interessenvertretung ist in den vernetzten Sozialstaaten mit ihren Risiken und Gefahren von der Praxis widerlegt worden. Die Entscheidungsträger müssen nach den Geboten der Gerechtigkeit nicht nur die eigenen Interessen und diejenigen der »anwesenden« Parteien respektieren, sondern ebenso die Interessen der »abwesenden Parteien« – darunter verstehen wir die zukünftigen Generationen, die Kinder, die alten und kranken Menschen, die Minderheiten und die Natur. Im Mittelpunkt eines verantwortungsbewußten Entscheidungsprozesses stehen die Sachverhalte. Der Entscheidungsträger muß sich von seinen persönlichen Machtansprüchen lösen und seine Meinung als eine Perspektive zur Klärung der Sachverhalte anbieten.

Die Parteien sind heute nicht mehr die Vertreter bestimmter sozialer Klassen und Ideologien. Die Auflösung der traditionellen Klassen- und Interessengegensätze deutet eine Funktionsänderung der Parteien an und bietet gleichzeitig neue Gestaltungsmöglichkeiten. Die Parteien unterscheiden sich derzeit überwiegend durch ihre Alternativlösungen und unterschiedlichen Schwerpunkte und reflektieren die verschiedenen Perspektiven einer Sachfrage. Das Monopol einer Gruppe auf den Entscheidungsprozeß bedeutet eine Reduzierung des politischen Potentials und den Verlust vieler kompetenter Persönlichkeiten und Ideen.

Abkehr von selbstbezogener Macht und Einbinden des verantwortungsbewußten Handelns in die Struktur der Demokratie bedeuten den Übergang von einer kämpferischen und konfrontativen Gesellschaftsordnung zu einer friedlichen und integrierenden. Der Entscheidungsvorgang ist nicht ein Prozeß von Durchsetzung und Dominanz, sondern ein Vorgang gegenseitiger Beratung, in dem die gegensätzlichen Interessen erörtert werden und die Alternativlösungen konkurrieren. *Politik ist kein absoluter Kampf mehr, sondern eine riesige Aufgabe.* Die Bewältigung dieser Arbeit verlangt gemeinsames und verantwortungsbewußtes Engagement, lebhafte Kontroverse und Konkurrenz im Sinne der Wahl der intelligentesten Lösungen.

Die Methode der Entscheidungsfindung ist in der zweiten Hälfte des 20. Jahrhunderts revolutioniert worden. Die bahnbrechende Idee der Gruppenentscheidung konnte vorerst nur die Wirtschaftswissenschaften im Bereich der Produktion und des Managements beeinflussen. In diesem Bereich standen nicht Machtausübung und Machtgenuß im Vordergrund, sondern die Verbesserung der Produktionsvoraussetzungen und Steigerung des wirtschaftlichen Output. In den 30er Jahren, als das wissenschaftliche Management[24] mit dem Ziel der Gewinnmaximierung und die autoritäre Verwaltung auf ihrem Höhepunkt war, entwickelte Mary Parker Follett[25], die im angloamerikanischen Raum ähnlichen Ruhm erlangte wie Max Weber im deutschsprachigen, die Gruppenberatung als integrierende Methode zur Verwaltung von Institutionen.

Das antagonistische Denken, das nur Unterschiede feststellt und nur geringe Fähigkeit zum Integrieren hat, gehört einer kämpferischen und relativ statischen Welt an. Die anfänglichen demokratischen Entscheidungen sollten nach Max Webers Auffassung durch Beherrschung der anderen und Durchsetzen des eigenen Willens erzielt werden. Webers Ziel war vor allem, das Individuum aus seiner Obrigkeitsmentalität und politischen Ohnmacht zu befreien. In der Führungsposition befürwortete er die autoritäre Durchsetzungskraft. Fraenkel sah in der Anerkennung der Heterogenität der Gesellschaft einen Ausweg aus dem autoritären Denkmuster. Durch die Methode des Kompromisses sollen die Interessen der Gruppen durchgesetzt werden.

Beherrschung und Durchsetzen der eigenen Meinung sind autoritär-hierarchische Methoden, da der einzelne oder die Gruppen versuchen, durch direkten oder indirekten Zwang ihre Meinung durchzusetzen. Eine Seite muß in diesem Fall ihre Interessen aufgeben, um zu einer Entscheidung zu kommen. Kompromisse sind als Methode der Entscheidungsfindung ebenfalls unzulänglich. Durch Kompromisse wird lediglich eine Umgruppierung der bestehenden Ideen erreicht, doch es kommt kein schöpferischer Prozeß in Gang.

In einem pluralistischen Entscheidungsprozeß werden die verschiedenartigen Gedanken und Alternativlösungen zur Diskussion

24 Der Hauptvertreter der Schule für wissenschaftliches Management war Frederick Winslow Taylor. Vgl. ders., 1913.

25 Mary Parker Follett, 1940, S. 20.

gestellt. Dadurch wird ein Sachverhalt aus verschiedenen Perspektiven beleuchtet (vgl. Abb. 5). Die Äußerung jedes dieser divergierenden Gedanken ist wesentlich, damit sich der Gegenstand der Diskussion in voller Gestalt erfassen läßt. Nur dann kann aus alldem ein neuer Gedanke entstehen, der die Grenzen der sich gegenseitig ausschließenden Alternativen überschreitet. Aus der Wechselwirkung und Vereinigung der pluralistischen Alternativen taucht eine neue schöpferische Synthese auf. »Das Potential gemeinsamer Erfahrungen ist immer größer als die Summe der einzelnen Erfahrungen.«[26] Wichtige Elemente in diesem Prozeß der Entscheidung sind unterschiedliche Lösungsvorschläge, die aufeinander wirken und zu neuen Strategien führen.

Die Organisationsforschung der 60er und 70er Jahre stellte fest[27]: Durch die pluralistische Methode der Beschlußfassung werden die Entscheidungen kreativer, sie erfreuen sich größerer Zustimmung und besitzen höhere Qualität.

Das neue Denk- und Entscheidungsschema der »Künstliche-Intelligenz-Forschung« erhellt einige Aspekte, die zur Neuorientierung der politischen Entscheidungsprozesse führen können. Die Erfindungen in diesem Bereich haben alte Denkvoraussetzungen revolutioniert. Diese Neuordnung der Elemente des Denkens kann anhand eines Beispiels des kognitiven Schemas verdeutlicht werden. Die Anwesenden hören eine Geschichte: »Die Piraten ergriffen ihr Opfer, verbanden ihm die Augen und schleiften es die Treppe hinunter.«[28] Die Zuhörer sind nun im Bilde, worum es geht. Sie ordnen in ihrem Bewußtsein, u. a. aufgrund vorhergehenden Lernens sprachlich vermittelter Symbole, die Elemente nach einem Schema, das unter dem Denkbild »Grausame Piraten« zu fassen ist. Die Geschichte geht jedoch weiter: »Dann brachten sie die Frau mit den verbundenen Augen in den Saal, wo der Maskenball stattfand.«[29] Das Denkbild wird sofort geändert, aus dem Schema »Grausame Piraten« wird das Schema »Verkleidete auf dem Maskenball«. Diese Flexibilität der Modifizierung geschieht automatisch im Ge-

26 Penelope Graham Walker, 1982, S. 11.
27 Vgl. Victor H. Vroom, 1960.
28 Jakob Schissler/Christian Tuschhoff, 1988, S. 4.
29 Ebd.

Abbildung 5: Ein pluralistisches Entscheidungsmodell

hirn. Für die Kognitionspsychologie ist in dieser Schemabildung ein doppelter Vorgang wichtig, der als Assimilation von neuen Informationen zum alten Schema und als Anpassung des alten Schemas an eine neue Information erklärt werden kann. Die Informationsverarbeitung läuft nach folgendem Muster – »Top-down« (von oben nach unten) und »Bottom-up« (von unten nach oben). »Dabei handelt es sich aber nicht um gleichwertige Wissenselemente. Während die Top-down-Elemente außerhalb des ›Textes‹ liegen, arbeiten sich die Bottom-up-Elemente innerhalb des Textes zu höheren Abstraktionsgraden vor (aus ›Piraten schleppen‹ – ›Frau/verbundene Augen‹ – ›Saal‹ entsteht ›Maskenball‹.«[30]

Übertragen auf politische Entscheidungsprozesse, verdeutlicht dieses Schema, wie wichtig die verschiedenen Elemente einer Sachfrage für eine sachgerechte Entscheidung sind. Die vielfältigen Auffassungen der divergierenden Interessenvertretungen in bezug auf eine Sachentscheidung erscheinen wie die Elemente einer Geschichte: Erst wenn alle Alternativlösungen erläutert worden sind, kann in einem aktiven und dynamischen Prozeß die Entscheidung getroffen werden.

Die Qualität der Entscheidung, die durch Parallelisieren der differenzierten und diffusen Denkelemente und ihre Neuordnung erzielt worden ist, erscheint viel höher als die alten hierarchisch-rationalen Entscheidungen. Bei dem neuen Schema handelt es sich nicht um gleichwertige Wissenselemente. »Kognition ist ein aktiver und dynamischer Prozeß, in dem Veränderungen geringster Art ganz große Wirkungen zeitigen.«[31] Deshalb darf man die Auffassung der kleinen Gruppen in einem Entscheidungsprozeß nicht gering schätzen. Diese Neuordnung der Elemente des Denkens, die Heidegger seinerzeit in einem Disput mit Husserl verteidigte[32], fand überraschende Bestätigung in der »Künstliche-Intelligenz-Forschung«, »wo die Rationalisten und Hierarchiebildner aus der Schule der Programmgestalter (programmers) mit ihren Computer-Modellen nicht recht vorankamen, weil sie geniale Idioten produzierten, die nicht in der Lage sind, mehrere Kombinationen von Schemata

30 Jakob Schissler/Christian Tuschhoff, 1988, S. 5.
31 Ebd.
32 Vgl. ebd., S. 6.

(funktionale Flexibilität) gleichzeitig umzusetzen, da sie nur Top-Down gesteuert sind«.[33]

Im Hinblick auf die politischen Aufgaben, die heute viel schwieriger und umfangreicher sind, soll die politische Theorie den Prozeß der politischen Problemlösung und Gesetzgebung in den Vordergrund stellen und ihm mehr Bedeutung beimessen. Sie soll endlich die Utopie aufgeben, daß die Wähler durch die Wahl gleichzeitig eine Wahl über Sachfragen treffen können. Eine dynamische und sich rasch verändernde Gesellschaft wie die unsere braucht nicht nur Stabilität, sondern auch »Flexibilität«, »Dynamik« und »Elastizität«.

Die Volksbefragung und der Ausbau der Zivilgesellschaft werden von vielen Politikern und Experten als Ausweg aus der Krise der Demokratie vorgeschlagen. Solange das Paradigma des Konkurrenzkampfes um Macht vorherrschend ist, werden die Verfahren der direkten Demokratie wiederum für den Machtgewinn der Interessengruppen und Parteien instrumentalisiert. Der demokratische Entscheidungsprozeß ist ein komplexer Vorgang, der kaum auf vereinfachte Art und Weise mit Ja oder Nein geregelt werden kann. Die intensive Mitwirkung der Bürger muß zweifellos in der Zukunft mehr Bedeutung erhalten; in welcher Form sie realisiert wird, hängt vom jeweiligen Land ab. Sie ist notwendig, damit die Politikmüdigkeit und Verdrossenheit bekämpft werden können. Die Medien, insbesondere die Telekommunikation, bieten viele Möglichkeiten für eine partizipatorische Demokratie, wenn sie nicht als ein Instrument zur Durchsetzung der Partikularinteressen ausgenutzt werden.

Die Experten des »Club of Rome« behaupten, daß die Demokratien in ihrer heute praktizierten Form für die bevorstehenden globalen Aufgaben nicht geeignet sind. Technische Natur und Vielschichtigkeit der Entscheidungen gestatten nicht immer, daß die gewählten Volksvertreter rechtzeitig kompetente Entscheidungen treffen. Bereits in den 70er Jahren stellte die »Trilateral Commission« in ihrem Bericht fest, daß die Anforderungen an die demokratischen Regierungen ständig wachsen, während ihre Kapazität stagniert.[34]

33 Ebd., S. 6.
34 Michel Crozier, Samuel P. Huntington, Joji Watanuki, 1975, S. 9.

Zbigniew Brzezinski, der Direktor von »The Trilateral Commission«, wies im Jahre 1973 auf die Bedeutung der Vitalität der politischen Systeme als einer wesentlichen Voraussetzung für die stabilen und kooperativen internationalen Beziehungen hin. Deshalb ist es für die Demokratien wichtig, ihre grundlegenden Prämissen zu überprüfen und durch ein neues Denken zur zentralen Absicht der Regierungen, nämlich zur Verbindung der persönlichen Freiheit und des sozialen und ökologischen Fortschritts beizutragen.

Was die Politik in Verruf bringt, schreibt Erhard Eppler, ist weder Mangel an Demokraten wie zur Zeit der Weimarer Republik noch die innere Instabilität der zweiten Republik, sondern »der wachsende Abstand zwischen dem, was zu tun wäre, und dem, was getan wird«. Die sichtbare Kluft zwischen einer Welt mit wachsenden Risiken und einem Politikverständnis, das nur wirtschaftliches Wachstum vor Auge hat und »sich im taktischen Geplänkel um die Macht zu erschöpfen scheint«[35], verärgert die unzufriedenen Bürger. Was die Politik lächerlich macht, behauptet Eppler, »ist der Abstand zwischen Anspruch und Hilflosigkeit«.[36]

Der *materielle* und *geistige* Aufwand, der heute zum Zweck der Stimmenmaximierung, Opposition, Machtsteigerung und Machtkontrolle verschwendet wird, kann in einer Regierung, die aufgrund der Verantwortung funktioniert, in den Dienst von Entscheidungsbildung und Aufgabenbewältigung gestellt werden. Wo keine Macht korrumpiert, braucht sie auch nicht kontrolliert und gezähmt zu werden. Die Kontrolle wird dann überwiegend Sachkontrolle sein. In einer sich schnell verändernden und undurchschaubaren Welt besteht keine Gefahr des *Erlahmens* oder der *Monotonie.* Die kreativen und einfallsreichen Akteure werden bei der Bewältigung der enormen Aufgaben, die in den kommenden Jahren bevorstehen, keine Langeweile spüren. Allein die Aufnahme von verschiedenen Auffassungen, Meinungen, Lösungsvorschlägen und die Suche nach optimalen Strategien erfordern eine enorme kognitive Arbeit, die dem System eine angenehme Spannung verleiht.

Das Verknüpfen der Personalwahl mit der Wahl über ein Bündel von Sachfragen bringt die Gefahr der Emotionalisierung und In-

35 Erhard Eppler, 1991, S. 426.
36 Ebd.

strumentalisierung der Sachthemen zum Zwecke der Machtgewinnung. Die Wähler haben nur *a posteriori* die Möglichkeit, sich ein Urteil über ihre vergangene Wahl zu bilden, nämlich bei den nächsten Wahlen. In einem komplexen System muß aber den Krisen und Fehlentscheidungen durch prophylaktische Maßnahmen vorgebeugt werden. Es genügt nicht *nur*, einige Jahre danach und für die nächsten Legislaturperioden festzustellen, ob die Regierung ihre letzten Wahlversprechen gehalten hat. Diese Taktik schien zur Zeit Schumpeters erforderlich, damit die Methode der demokratischen Wahlen funktionierte. In heutigen Systemen ist dieses Verfahren angesichts der langfristigen und präzisen Entscheidungen nicht ausreichend. Dem Kranken nach dem Tode ein Heilmittel zu verabreichen, ist kein Zeichen von Klugheit und Weisheit.

4. Die neue Art von Führungspersönlichkeiten

Die Personifizierung der Macht und der Wunsch nach einer machtbewußten Persönlichkeit mit starkem Willen und überzeugender Durchsetzungskraft an der Spitze der Regierung sind Überbleibsel einer autoritären Gesellschaft und der heutigen Problemlage nicht mehr gewachsen. Bereits im Jahre 1878 mußte Bismarck für seine Aufgaben als Kanzler wiederholt auf seine Lenkungs- und Koordinationsbehörde zurückgreifen. Die »einsamen Beschlüsse«, die man Adenauer zuschrieb, waren eher äußerer Schein. Wilhelm Hennis wies bereits im Jahre 1964 darauf hin: »Ohne das Kanzleramt wäre der Bundeskanzler ein bedauernswerter Vollinvalide: er könnte nicht sehen, hören noch schreiben, geschweige denn Richtlinien bestimmen.«[37] Der Wunsch nach einem starken Führer hat mehr einen symbolischen Stellenwert. In der Realität arbeiten die heutigen Regierungen in Gruppen und werden immer mehr von den Experten und den Beratern abhängig. Nach außen müssen sie den Schein von personifizierter Macht aufrechterhalten, weil die Politik weiterhin mit einem Vehikel verkehrt, das seine Kraft von der antiquierten Machttheorie erhält.

37 Wilhelm Hennis, 1964, S. 19.

Die Geschichte der Kanzlerschaft Adenauers läßt erkennen, daß er seine erfolgreiche Amtsführung überwiegend seiner Kompetenz und der pflichtbewußten Tatkraft zu verdanken hatte. In den letzten Jahren seiner Kanzlerschaft, als Adenauer begann, mit Taktieren seine Machtposition um jeden Preis zu behalten, verlor seine Arbeit an Wirksamkeit. Die Durchsetzungskraft und der Machtinstinkt, die manche Historiker und Journalisten als Voraussetzung von Stabilität bewerten, dienten lediglich der Sicherung der persönlichen Machtposition des Regierungschefs. Die Stabilität der Demokratie beruht auf strukturellen Bedingungen, die in politikwissenschaftlichen Studien ausführlich analysiert wurde.[38]

»Machtbesessenheit« und »Machtvergessenheit« (Hans-Peter Schwarz) sind Defizite der Demokratie, in der die personifizierte und selbstsüchtige Macht weiterhin als Grundkategorie der Politik anerkannt ist, obwohl die unkontrollierbaren Probleme der heutigen Regierungen mehr als je zuvor verantwortungsbewußtes Handeln verlangen. Dafür muß die Verantwortung *a priori* als Voraussetzung jeder politischen Tat in der Struktur der Demokratie verankert werden. Das Haupthindernis auf diesem Weg ist der in manchen Köpfen festgesetzte Gedanke, Kampf sei das einzige Mittel zur Förderung der eigenen Interessen und die wirksamste Methode für das Schließen von politischen Kompromissen. In der Vergangenheit war Politik ohne Kampf angeblich nicht vorstellbar. Das Leitbild, mächtig zu sein und gehorsame Gefolgschaft zu gewinnen, prägte über Jahrtausende menschliche Kultur und Zivilisation. Dieses Ideal droht heute der menschlichen Gemeinschaft Unheil zu bringen.

Verantwortungsethik, die Hans Jonas als eine Offenbarung empfindet, war seit Jahrtausenden die Handlungsmaxime von Frauen. Die Übernahme der Verantwortung *für* die anderen und für den Schutz des Lebens gehört zu einer Rollenmoral, die den Lebenszyklus der Frauen seit Beginn der Geschichte prägte, obwohl diese Rollenmoral nicht ausschließlich Frauen eigen sein muß. Das Urbild aller Verantwortung, auf das Hans Jonas ebenfalls hinweist, ist die von Menschen für Menschen, nämlich elterliche Verantwor-

38 Vgl. Axel Murswieck, 1990, S. 151–169. Außerdem: Göttrik Wewer, 1990, S. 145–150.

tung. Seit Urbeginn hat in den Primitivgesellschaften naturgemäß eine Einteilung der Verantwortlichkeiten zwischen Mann und Frau stattgefunden. Die Frau hatte die Verantwortung für die lebenspendenden Prozesse, Geburt, Erziehung der Kinder, Pflege des Ehemanns und der älteren Familienmitglieder, Hygiene und Ordnung und schließlich die Verantwortung für die Gestaltung der gesamten häuslichen Sphäre. Die Verantwortung des Mannes bezog sich auf die Ernährung der Familie und ihren Schutz vor äußeren Feinden. Die Erfüllung dieser Aufgabe erforderte in einer brutalen Umwelt Kampfbereitschaft, Konkurrenz, Machtinstinkt und letztlich harte Auseinandersetzungen bis zum Sieg oder Verlust, bis zu Mord und Totschlag. Dieser Kampf geschah nach Regeln des Nullsummenspiels. Die Aufgaben der Frau stellten hingegen ein Plussummenspiel dar, in dem es nur Gewinner gab. Die späteren typischen Frauenberufe in der Industriegesellschaft (soziale Berufe) folgten den gleichen Regeln.[39]

Die Vereinbarkeit der Politik mit der Moral und den ethischen Grundsätzen war seit der Antike eine Kardinalfrage der politischen Philosophie. Die Morallehre beschäftigte sich seit Aristoteles »mit dem Unterlassen von Schädigungen und dem Erweisen von Wohltaten«.[40] Das Dominanz- und Konkurrenzverhalten, wie Rainer Döbert in einer Studie zu ergründen versucht, besteht aus konfliktträchtigen Handlungen, weil die Unterlegenen sich dadurch verletzt fühlen und unter dem Zwang der Niederlage stehen. Machiavellistische Einstellungen und Machtkämpfe werden definitionsgemäß der *außermoralischen* Sphäre zuzuordnen sein. Sie kennen den Gegner »nur als Mittel oder Hemmnis, dessen Bedürfnissen gerade nicht in fürsorglicher Einstellung Rechnung getragen wird«.[41]

Machiavelli und Weber rechtfertigten die Anwendung der Machtmittel mit der Begründung, daß nur diese Mittel tauglich seien und zum politischen Erfolg führten. Heute müssen wir einen Bruch mit der politischen Tradition feststellen. Die Machtmittel, die sowohl Machiavelli als auch Max Weber für das Gelingen von Politik als unvermeidbar ansehen, werden in der heutigen Lage der

39 Vgl. Rainer Döbert, 1991, S. 142.
40 Ebd., S. 140.
41 Ebd.

Gesellschaft ein Hindernis für die demokratische Problemlösung und Entscheidungsbildung. Wenn es der politischen Theorie gelingt, die *Verantwortung* als Bedingung des demokratischen Prozesses vorauszusetzen, wird nicht nur die Erfolgschance der politischen Maßnahmen erhöht. Dieser Schritt führt zu einer Versöhnung zwischen Ethik und Politik und gibt dem Staatsmann mehr Möglichkeiten, seine Handlungen mit moralischen Prinzipien in Einklang zu bringen.

Die Zeiten der autoritären Führung sind vorbei, weil die Bedeutung der selbstbezogenen und personifizierten Macht schwindet. Gleichzeitig gewinnt das Individuum als Verantwortungsträger in einem organischen System viel mehr Bedeutung. Die Rolle des einzelnen Menschen fällt in einer Risikogesellschaft vermehrt ins Gewicht. Er muß jedoch auf seine individuellen Machtansprüche verzichten, damit soziale Spannungen und Chaos vermieden werden können.

Anfang des 20. Jahrhunderts versuchte Max Weber die Bürger aus ihrer Obrigkeitsmentalität zu befreien und ihre politischen Machtinteressen zu wecken. Damit wollte er dem subjektiven Verhalten der Politiker einen Anschein von *Rationalität* geben. Diese Art von *Rationalität* scheint heute ein Hindernis für die Bewältigung der enormen politischen Aufgaben zu sein. Die gegenwärtigen Weltprobleme sind durch die Menschen und ihre Eingriffe in die Natur verursacht und können wiederum nur durch eine bewußte Einstellungs- und Verhaltensänderung bewältigt werden. »Der wahre Feind der Menschheit ist der Mensch selbst.«[42] Heute weiß man, daß der Schöpfungsauftrag Moses' – *erfüllet die Erde und machet sie euch untertan* – längst ausgeführt ist. Der Mensch hat bereits die Natur gezähmt, die Erde geplündert und ist dabei, sie in eine Wüste zu verwandeln.

Verantwortung als politische Handlungsmaxime stellt enorme Ansprüche an die Individuen. Die bedenkenlose Verfolgung von Eigeninteressen führt zur Mißachtung sozialer Belange. Der Mensch muß die Freiheit haben, den eigenen Bedürfnissen bestmöglich zu dienen. Er ist gleichzeitig verantwortlich für das Wohlbefinden und die freie Entfaltung aller sozialen Gruppen. Wir sind mate-

42 Vgl. A. King/B. Schneider, 1991, S. 68.

rielle *und* geistige Wesen zugleich. Durch eine geistige Erziehung nach verbindlichen ethischen und sozialen Normen wird der Mensch in der Lage sein, seiner Gier nach Macht und unbegrenztem Reichtum Grenzen zu setzen.

Der Werterelativismus war wahrscheinlich zur Zeit Max Webers nützlich. Heute erleben wir eine Zeit der globalen Abhängigkeit. Die politischen Ereignisse in *einer* Ecke der Welt beeinflussen die wirtschaftliche und politische Lage vieler anderer Länder. Durch *friedliche* und global verbindliche Normen und festgelegte Spielregeln wird der Mensch fähig, in solch komplexem Umfeld eine eigene Existenz und die Interessen seiner Nation zu sichern. Die alten Normen, welche die Soldaten und Henker glorifizieren – wie Carl Schmitt darlegte –, führen uns heute in die Katastrophe. Durch die gewaltsame, rohe Natur war der Mensch in den vergangenen Jahrhunderten und Jahrtausenden gezwungen, seine kämpferischen und aggressiven Fähigkeiten zu stärken. Er war im Kampf mit den Feinden viel mehr auf seine materielle Natur angewiesen. Heute ist er gezwungen, seine friedlichen und integrierenden Fähigkeiten zu entfalten und sich den Anforderungen der Umwelt anzupassen.

Die politischen Spielregeln sollten in einer friedlichen Gesellschaft, die den Kampf durch die Verantwortung zu ersetzen versucht, neu geregelt werden. Die Demokratie ist schließlich ein Regierungssystem, in dem alle Individuen als verantwortungsbewußte Akteure ihre Rolle spielen sollen. Die erste Spielregel heißt: die Neigung des eigenen Ichs zum Machtstreben abzubauen und das Machtstreben der anderen wachsam zu erkennen und zurückzuweisen. Durch eine bewußte Erziehung sollen Beeinflussungsversuche als eine Abweichung von der Norm allgemeiner Verachtung anheimfallen.

In einer Zeit der Wissensexplosion ist die Bescheidenheit angemessener als arrogante Besserwisserei. Angesichts der Komplexität der Probleme kann kein Individuum Patentrezepte für sich reklamieren. Die Ablehnung der Macht ebnet den Weg für neue Verfahren, die in letzter Zeit durch Begriffe wie *Teamarbeit, Mitarbeiterstab* und *Gruppenentscheidungen* bekannt wurden und besonders in den großen Firmen Zugang gefunden haben.

Der Vertrauensverlust gegenüber den Parteien und Politikern im Laufe der vergangenen Jahre, die Geringschätzung der Bürokratie, zurückgehende Wahlbeteiligung und eine Entfremdung vom »Establishment« sind nach Schätzungen des »Club of Rome« Ausdruck einer tiefen Misere. »Die Politik braucht unbedingt neue menschliche Züge.«[43] Die Eigenschaften des neuen Politikertypus werden in dem Bericht des »Club of Rome« von 1991 folgendermaßen beschrieben: Er muß zum innovativen Handeln fähig sein und sich den Veränderungen anpassen, eine ethische Perspektive entwickeln, ohne Zugeständnisse an das Zweckdenken zu machen, lernfähig sein und andere zum Lernen anspornen können, sich über die Bedürfnisse, Ängste und Vorschläge der Bürger informieren, den Mut haben, die eigene Meinung zu ändern, wenn tiefere Einblicke in Verhältnisse und Probleme gewonnen werden. In diesem Bericht wird jedoch zugegeben, daß die Erfüllung mancher dieser Forderungen für einen Staatsmann politischen Selbstmord bedeuten könnte. Ein aktiver Politiker würde in der Tat kein Interesse an einem politischen Selbstmord haben. Das Ersetzen eines Politikers durch einen anderen bewirkt – bei gleichbleibenden Strukturen – keine Änderung.

Wir kommen wiederum zu dem Punkt, daß Appelle zu einem Bewußtseinswandel führen könnten; sie seien jedoch nicht in der Lage, die Politikverdrossenheit zu beseitigen, solange die politische Theorie sich nicht systematisch mit ihren eigenen Schwächen beschäftige. Die Zahl der kompetenten potentiellen Akteure ist sicherlich nicht gering. Haupthindernis scheinen die interne Machtstruktur der Parteien, die Seilschaften und die Cliquen zu sein, die für viele junge und kompetente Menschen unerträglich erscheinen.

Die Glaubwürdigkeit der Politiker hängt in der Konkurrenzdemokratie von hoffnungsvollen Versprechungen und mediengerechter Selbstdarstellung ab. Die Wahlkampfthemen und vereinfachten Lösungen sind oft realitätsfremd und nicht in die Tat umsetzbar. Die populistischen Zusicherungen sind unerläßlich, weil die Kandidaten sich durch diese wirkungsvollen Verbalschlachten profilieren und Mehrheiten gewinnen können. Häufig wird aber ein Politiker, der vor der Wahl als Hoffnungsträger galt, nach einigen Jahren Amtsführung persönlich angegriffen und für das unerfüllte Wahlversprechen verantwortlich gemacht. Die Presse mokiert sich in Ka-

43 Vgl. A. King/B. Schneider, 1991, S. 106.

rikaturen über ihn und kritisiert massiv seine persönlichen Schwächen. Es darf dann nicht wundern, wenn es Schuldzuweisungen hagelt; hinzu kommen oft Angriffe des politischen Gegners und genüßliches Ausschlachten von Affären durch die Presse. Das Ergebnis ist in vielen Fällen die Wahlniederlage der Regierenden und der Amtsantritt der neuen »Wundertäter«. Ein neues Spiel beginnt, doch es läuft nach den gleichen Regeln, nur die Namen der Siegerpartei und der Machtträger lauten anders. Noch gefährlicher für die politische Karriere ist die Kritik der eigenen Partei und Flügelkämpfe. Die verantwortungsbewußten und kompetenten Politiker finden in diesem System kaum eine Chance, frei von den oben genannten Störfaktoren ihre Pflichten zu erfüllen. Genauso schwer ist es für die Wahlbürger, sich in diesem Labyrinth zurechtzufinden.

Die Experten sehen den Ausweg aus dem Dilemma der Macht in einem nichtpolitischen Forum, in dem die politischen Parteien ein Höchstmaß an Gemeinsamkeiten herstellen. Dies sei unbedingt erforderlich, damit sie die »vielen Stürme«, die bevorstehen, bewältigen können. Die Frage wird nun laut: Weshalb sollen die Parteien nicht in der Lage sein, in den politischen Sphären nebeneinander als Elemente des pluralistischen Systems mitzuwirken und gemeinsam Lösungen zu entwickeln? Weshalb soll das Zusammenwirken der Parteien neben Vertretern der Wirtschaft, Gewerkschaften und Wissenschaft, wie es der »Club of Rome« vorschlägt, utopisch klingen?

5. Fazit

Das pluralistische Modell der Interessenvermittlung sollte im Gegensatz zu totalitären Herrschaftsformen die Ansprüche der sozialen Gruppen zur Anerkennung bringen und einen Ausgleich der Interessen herstellen. Intern war der Machtkampf zwischen den politischen Gruppen durch eine eindeutige Freund-Feind-Vorstellung geprägt. Durch das Schwinden der Gegensätze zwischen Ideologien und Klassen einerseits und Umwälzungen und Risiken einer hochtechnisierten Gesellschaft andererseits haben die alten Freund-Feind-Muster ihre Relevanz verloren. An ihre Stelle sind eine Reihe gemeinsamer vitaler Interessen entstanden, die ein kollektives Handeln unumgänglich machen. Die neuen gemeinsamen Feinde der sozialen Gruppen sind die ungelösten Probleme, die veralteten Strukturen und viele Vorurteile. Diese neue Konstellation verwischt die alten Fronten und führt zur Orientierungslosigkeit.

Die veränderten Verhältnisse und die offenen politischen Fragen dürfen keinesfalls als eine allgemeine Ablehnung der Demokratie interpretiert werden. In den Industrienationen registrieren Meinungsforscher eine hohe Akzeptanz der Demokratie unter der Bevölkerung. Es handelt sich gegenwärtig mehr um eine beiderseitige Vertrauenskrise zwischen Bürger und politischer Klasse, die in westlichen Demokratien zu unbefriedigenden Wahlergebnissen geführt hat.

Hauptzweck des Prozesses der Willensbildung, der Wahlen und der politischen Sachentscheidungen in der Demokratie sind Teilung und Kontrolle der Macht. Was die Bürger von Politik erwarten, ist mehr eine effektive Problemlösung. Dafür muß eine Umgestaltung der politischen Prozesse stattfinden. Die geteilte und kontrollierte Macht sollte hauptsächlich in den Dienst der politischen Entscheidungen gestellt werden. Willensbildung und Wahlen sind nicht mehr Hauptzweck der Demokratie, sondern die notwendigen Instrumente und Wegbereiter für das Hauptanliegen der Politik, die Entscheidungsbildung. Der Kampf der Meinungen, der in einer Mediengesellschaft auf einer beratenden Basis stattfinden kann, wird zu einem lebhaften Ringen um gerechte Entscheidungen werden. Eine Bewußtseinsänderung ist sicherlich Voraussetzung, bevor man über neue Methoden und Verfahren reden kann.

In diesem Kapitel wurde versucht zu zeigen, daß die Orientierungslosigkeit der Parteien auf die veränderten sozialen Verhältnisse zurückzuführen ist. Mit der allmählichen Auflösung der sozialen Klassen muß die Frage der Macht neu aufgeworfen werden. Trotz einer steigenden Arbeitslosenzahl und trotz bevorstehender, enormer Probleme hat die heutige Demokratie viel hoffnungsvollere Aussichten als zu Beginn des Jahrhunderts. Sie muß sich nicht bewähren in einer Gesellschaft, die in Klassen und Ideologien gespalten und von Despoten und Antidemokraten bedroht ist. Sie besitzt ein Potential demokratischer und mündiger Bürger, die entsprechend behandelt werden wollen.

Das Feld der politischen Entscheidungen sollte wegen Leistungsanforderungen an die Demokratie mehr Bedeutung bekommen. Der sensibilisierte Gerechtigkeitssinn der Bürger und der Wunsch der sozialen Gruppen und Minderheiten nach Anerkennung verlangen nach Methoden und Verfahren, die im Endeffekt ein Plussummenergebnis hervorbringen müssen. Der autoritäre Führungsstil ist für eine mündige Gesellschaft sicherlich kein richtiges Rezept. Die Beeinflussungsversuche und machiavellistischen Machtkämpfe erzeugen aggressive und problematische Reaktionen, wie die Psychologen behaupten, weil die Unterlegenen unter dem Zwang der Niederlage stehen und ihre Verletzung durch einen heftigeren Schlag auszugleichen versuchen. Der Wille zu eigennütziger Macht verliert in einer Gesellschaft der mündigen Bürger seine Erfolgschancen. Die Verantwortung als Handlungsmaxime heißt keinesfalls, die eigenen Interessen zu vernachlässigen. Das Verantwortungsgefühl und das Gebot der Gerechtigkeit verpflichten das Individuum, die eigenen Interessen zur Anerkennung zu bringen und die anderen Interessen zu respektieren und zu berücksichtigen. Dafür braucht die Demokratie eine angemessene Beratungsmethode, die eine lebendige und friedliche Auseinandersetzung der gegensätzlichen Interessen der mündigen Bürger ermöglicht.

VI. Perspektiven

Schumpeter verglich die sozialen Strukturen, Typen und Verhaltensweisen mit Münzen, die nicht leicht schmelzen. »Sind sie einmal geprägt, so überdauern sie möglicherweise Jahrhunderte.«[1] Die verschiedenen Demokratiemodelle sind die Früchte einer langen Geschichte sozialer Kämpfe und enthalten revolutionäre Elemente, die gewiß für die stürmischen Perioden der gesellschaftlichen Entwicklung notwendig waren. Die politischen Theoretiker, die das gedankliche Rüstzeug der freiheitlichen Ordnung geschmiedet haben – von Locke bis Max Weber und Fraenkel –, waren vom Protest gegen die Unterdrückung und vom Kampf gegen den totalitären Anspruch der Herrschenden inspiriert. Dieser Protest- und Kampfgedanke prägt noch heute die politischen Verhaltensweisen der Bürger und wird als wirksamste Methode für das Durchsetzen der Interessen eingesetzt.

Nach der Beendigung des Ost-West-Konfliktes haben Machtpolitik und grenzenlose militärische Konkurrenz ihren Stellenwert in dem System der internationalen Beziehungen verloren. Die Weltgemeinschaft feiert seit dem Beginn der 90er Jahre den Sieg der bürgerlichen Gesellschaft über die totalitären Herrschaftsformen. Wissenschaftliche und militärische Zusammenarbeit und Austausch von Informationen können heute Bestandteil der Beziehungen zwischen den ehemals konkurrierenden und verfeindeten Nationen werden. Innerhalb der Systeme ist jedoch das Paradigma des Kampfes und der damit verbundenen Freund-Feind-Unterscheidung in den Köpfen vieler Menschen noch immer präsent. Voraussetzung von Kampf ist das Vorhandensein von Antagonismus, Konflikt und Interessenkollision. Damit eine pluralistische Demokratie funktionsfähig bleibt, müssen Gegensätzlichkeit, Zwiespalt und Wider-

1 Vgl. Joseph A. Schumpeter, 1980, S. 29.

streit, wenn auch künstlich, aufrechterhalten werden. Die Konfliktfähigkeit oder die Möglichkeit eines offenen Austragens der unterschiedlichen Interessen und Auffassungen ist zweifellos in einer freiheitlichen Ordnung eine notwendige Voraussetzung; sie muß aber letzten Endes zu einem Konsens führen. Für das Ziel der Stimmenmaximierung und des Wahlgewinns scheint doch nur der erste Teil, der offene Streit, brauchbar zu sein. Das Dilemma der Demokratie liegt darin, daß ein gemeinsamer Konsens, der mehr oder weniger allen Interessen dient, in das Konzept von Parteienstreit und Polarisierung nicht hineinpaßt. Der Streit um »Pflegeversicherung« und den »Einsatz der Bundeswehr außerhalb der NATO« gehören zu solchen Beispielen, welche die Glaubwürdigkeit der Politik beeinträchtigen und zu Stimmenverlusten der großen Parteien führen.

Die liberale Weltanschauung basierte auf drei Grundgedanken – der Idee der autonomen Persönlichkeit, dem Glauben an menschliche Lernfähigkeit und geschichtlichen Fortschritt und schließlich dem Vertrauen in das Institutionalisieren von politischer Herrschaft durch die verfassungsrechtliche Regelung. Individualismus war das Grundprinzip der liberalen Ethik. Die »bedrohte Individualität« zu Beginn des 20. Jahrhunderts erweckte bei den Liberalen die Rückbesinnung auf Kants »ethischen Individualismus«. Die in dieser Periode neu konstituierte Disziplin der Soziologie sollte eine »Wissenschaft zur Erforschung der Bedrohungspotentiale konkreter Individualität«[2] werden.

Der Liberalismus, der die individuellen Freiheiten erkämpfen mußte, führte zwingend zu einem Säkularisierungsprozeß und zur Ablehnung der religiösen Normen. Mit der Entmachtung der religiösen Mächte müßten auch viele ethische Prinzipien, die der Klerus als Rüstzeug gegen das Volk ausnutzte, über Bord geworfen werden. Es wundert dann nicht, wenn der Freiheitsgedanke und die ungezügelte Individualität in einer Gesellschaft, die der »Macht« und dem »Kampf« höchsten Stellenwert einräumt und die im Kampf sich alle Mittel und Methoden erlaubt, zu einem unerträglichen Maß an Gewalt, Brutalität und Korruption führen. Mit Recht urteilt Marion Gräfin Dönhoff über unsere Gesellschaft: »Eine *per-*

2 So Gangolf Hübinger, Liberalismus und Individualismus im deutschen Bürgertum. In: Zeitschrift für Politik, 40. Jg. 1/1993, S. 76.

missive society, die keine Tabus duldet, keine moralischen Barrikaden errichtet und die die Bindung an Sitte und Tradition vergessen hat, gerät leicht ›außer Rand und Band‹.«[3]

Der bis 1994 amtierende Bundespräsident Richard von Weizsäkker gehört zu den ersten Kritikern, die in »Machtbesessenheit« und Handlungsunfähigkeit der Verantwortlichen und in der Passivität und Wohlstandsorientierung der Bürger eine verborgene Gefahr für die Demokratie erkannt haben. Er sieht seinen Beitrag als Bundespräsident darin, »die Politik gegenüber dem Geist und den Geist gegenüber der Politik zu öffnen und zur Geltung zu bringen«.[4] Nun wie kann sich der Geist in einer rein materiellen Welt öffnen. In einer Welt, in der die wirtschaftliche Macht und das militärische Potential im Mittelpunkt der sozialen Bemühungen stehen, die finanziellen Vorteile Vorrang vor allen moralischen Prinzipien haben und die Aufforderung zum Mord und brutale Szenen im Kino und Fernsehen ungestraft das Handeln einer rebellischen Generation prägen dürfen, kann sich der Geist kaum öffnen und entfalten. Mit Besorgnis wendet sich Gräfin Dönhoff an ihre Leser: »Heute in der Spätphase positivistisch-materialistischer Auffassungen wird die geistige Armut einer Epoche, die nur in Kategorien von Macht und Erfolg denkt, sehr deutlich. Es zeigt sich, daß der Mensch ohne metaphysischen Bezug nicht sinnvoll leben kann. Ohne jene übergeordnete Autorität fehlt ihm die Orientierung, hält er sich selber für allmächtig.«[5]

Das Ende des Jahrhunderts ist durch den Sieg des Liberalismus und der bürgerlichen Gesellschaft gekennzeichnet. Jeder Erfolg im Laufe der sozialen Bewegungen bedeutet das Ende der alten Umstände und den Eintritt in eine neue Phase. Diese neue Situation verlangt nach neuen Gesetzen und Handlungsmaximen. Deshalb ist Erfolg stets mit Wechsel und Wandel verbunden. Eine Tatsache, die stets für die konservativ denkenden Menschen Schwierigkeiten bereitete, weil sie die Wahrung von Erfolgen durch das Beibehalten

3 Marion Gräfin Dönhoff, Den Bürgern wieder Ziele setzen. Eine Gesellschaft ohne moralische Maßstäbe gerät in Gefahr. In: Die Zeit v. 12. März 1993. (Hervorhebung im Original)

4 Richard von Weizsäcker im Gespräch mit Gunter Hofmann und Werner A. Perger. 1992, S. 181.

5 Marion Gräfin Dönhoff, Die Zeit v. 12. März 1993.

der alten Regeln gesichert sahen. Diese Logik der vorgeschichtlich statischen Gesellschaften steht mit der extremen Dynamik der hochtechnisierten Gesellschaft nicht im Einklang.

Die neuen Kommunikationsbedingungen haben die tradierten Gesellungsformen destabilisiert und die »Bedingungen der Mobilisierbarkeit von ad-hoc-Gruppierungen lokal wie überregional und international begünstigt«.[6] Im allgemeinen gewinnt das Individuum als Gestaltungszentrum des sozialen Geschehens immer mehr Bedeutung. Mit dieser Entwicklung geht eine Ausweitung von Risiken einher. Nicht mehr die »bedrohte Individualität«, wie zu Beginn des 20. Jahrhunderts, sondern die *bedrohende Individualität* veranlaßt uns, nach neuen Verhaltensmustern und einer neuen individuellen und sozialen Ethik zu suchen.

Das Ende des Jahrhunderts markiert gleichzeitig den Sieg des Sozialstaates und der Demokratie. Alle diese Erfolge haben uns zu einer neuen Gesellschaft hingeführt, die nicht mehr nach den alten Regeln zu verwalten ist. In vereinfachter Form sprechen die Kritiker von einer sozialen Krise. »Der Verlust an staatlicher Durchsetzungsmacht sei nicht Ausdruck politischen Versagens, sondern Produkt durchgesetzter Demokratie und Sozialstaatlichkeit«[7], wie Ulrich von Alemann meint. Dieser Erfolg der demokratischen Gesellschaft verlangt nach neuen ethischen Prinzipien und nach neuen Handlungsregeln.

Das *Entweder-Oder* der Ost-West- und Rechts-links-Ordnung des Politischen, behauptet Ulrich Beck, zerbricht am Ende des 20. Jahrhunderts. An ihre Stelle tritt eine Ordnung, die durch *und* geprägt ist. Das Denken und Handeln in den Kategorien des *Entweder-Oder* und von *Rechts-links* funktioniert heute nicht mehr. Die Unschärfe des *und*, die Ungewißheit und Ambivalenz, die diese Übergangsphase kennzeichnen, verursachen Gefahren und Ängste.[8] Die *bedrohende Individualität* der liberalen Gesellschaft und ihre Zähmung in der Gemeinschaft sind das aktuelle Thema, das die Kommunitaristen in die Wissenschaft eingeführt haben. Ihre wesentliche Differenz zur liberalen Auffassung liegt darin, daß neben

6 Jürgen Fijalkowski, 1993, S. 87.
7 Ulrich von Alemann, 1993, S. 173.
8 Vgl. U. Beck, 1993, S. 9.

hierarchischer Hoheitsgewalt des Staates, d.h. administrativer Macht, einerseits und dem Markt oder den Eigeninteressen andererseits eine dritte gesellschaftlich-integrative Instanz bestehe, nämlich die Kraft der Solidarität oder die Zivilgesellschaft, die eine autonome, von Markt und Staat unabhängige gesellschaftliche Basis darstelle. Die Zivilgesellschaft als Unterbau der politischen Öffentlichkeit verkörpert eine von Staatsapparat und Marktstruktur unabhängige Willensbildung. Die Macht als Grundkategorie der Politik behält im republikanischen Modell weiterhin ihre Gültigkeit; daher sind die Kommunitaristen mit der gleichen Problematik konfrontiert wie die Liberalen.

Pluralisierung und Individualisierung führen in einer machtorientierten Gesellschaft zum sozialen Chaos und zum *Kampf aller gegen alle*. Die sozialen Verhaltensnormen, die dazu dienen, das Chaos zu bändigen und die Erziehung moralischen Verhaltens zu überwachen, setzen bestimmte Durchsetzungsmechanismen und Kontrollsysteme voraus. Dadurch wird die Gesellschaft in zwei Klassen geteilt: die gesetzgebende und kontrollierende Elite auf der einen und die gehorsamen Bürger auf der anderen Seite. Je mehr die individuellen Freiheiten in einer Gemeinschaft gewährleistet werden, desto strenger müssen die Kontrollmechanismen sein. Die zunehmende Gesetzgebung und Kontrolle verstoßen wiederum gegen die Grundidee des Liberalismus und führen zu dem Dilemma der bürgerlichen Freiheit und der sozialen Ordnung.

Die Politik ist immer ein Handeln im Rahmen der gegebenen Strukturen gewesen. Die langsamen und kleinen Reformen sind unerläßlich, damit das politische System sich den neuen Herausforderungen allmählich anpaßt. Parallel dazu ist eine tiefere geistige Auseinandersetzung mit den sozialen Zielen, politischen Motivationen und den nötigen Mitteln, die zum Erfolg führen, dringend notwendig. Die Literatur, die sich mit den Reformen des bestehenden Systems befaßt, wächst ständig. Hier soll jedoch auf einige Schritte hingewiesen werden, die uns zu tiefgreifenderen Überlegungen hinführen können:

– Ob die Demokratien sich nun für eine zivile oder liberale Gesellschaft oder für eine Synthese zwischen den beiden entscheiden, sie müssen sich mit der Gefahr von Gewaltanwendung und Haß als politische Instrumente auseinandersetzen. Das alte Vorbild der Freund-Feind-Unterscheidung im Sinne von Carl Schmitt ist für die heutigen Systeme fragwürdig geworden. Dieses Welt- und Menschenbild liefert in einer Gesellschaft mit wachsenden ökonomischen Problemen und Interessenkonflikten den sozialen Zündstoff, dessen Anzeichen heute sichtbar sind.

- Die vitalen Interessen der Individuen unterscheiden sich nicht so sehr voneinander, außerdem stehen sie in einer engen Verflechtung zueinander. Die unersättliche Gier nach Reichtum und Macht gehört nicht zu den vitalen Privatinteressen. Der Liberalismus darf in einer gefährdeten Gesellschaft nicht länger mit abstrakten und wertfreien Begriffen operieren.
- Die Bestimmung von Politik muß neu versucht werden. Zwischen den Bürgern und Politikern besteht kein gemeinsames Verständnis von politischen Motiven, Zielen und Aufgaben. Eine Einigung darüber ist die wichtigste Voraussetzung, um der Politikmüdigkeit und Verdrossenheit der Bürger entgegenzuwirken.
- Die Rolle der Macht als Grundkategorie der Politik und ihre Rationalität müssen offen in Frage gestellt werden. Wenn Verantwortung das Paradigma wäre, würden die parteiübergreifenden Entscheidungen und die großen Koalitionen kein Tabu mehr sein und eine außerparlamentarische Opposition überflüssig machen.
- Die Politikwissenschaft spielte bisher in der Theorieentwicklung eine eher rezeptive (nehmende) als kreative (gebende) Rolle und orientierte sich mehr an den sozialwissenschaftlichen Diskussionen.[9] Diese passive Haltung wird auch von Hans Herbert von Arnim kritisiert. Die positivistische Fixierung der Politikwissenschaft »auf die Darstellung der Macht und das Fehlen eines normativen, gemeinwohlorientierten Konzepts machen es ihr unmöglich, Auswüchse auch nur in den Blick zu bekommen und einen Zugang zur aktuellen parteienkritischen Diskussion zu finden«.[10] In welcher Richtung sich die Demokratie in den kommenden Jahren entwickelt, hängt nicht zuletzt von dem Verantwortungsbewußtsein der Politikwissenschaftler ab.

9 Vgl. K. v. Beyme, 1986. Dazu noch in: D. Berg-Schlosser/H. Maier/T. Stammen, 1984.

10 H. H. v. Arnim, 1993.

- Die Rollenmoral der Frauen ist mehr verantwortungsorientiert und weniger kämpferisch. Dadurch hat die Mehrzahl der Frauen im Umgang mit der Macht Schwierigkeiten. Die Frauen bringen jedoch bessere Voraussetzungen für eine Politik mit, die auf verantwortungsbewußtem Handeln basiert. Die Förderung der Frauen in der Politik und ihr Zugang zu den Spitzenpositionen können zur Anpassungsfähigkeit der demokratischen Ordnung beitragen.
- Der Hauptschauplatz der Politik darf nicht mehr der Wahlkampf, sondern sollte der Prozeß der politischen Entscheidungsbildung sein. Wahlen sind nicht der Hauptzweck der Politik. Sie schaffen bloß die günstigen Voraussetzungen für die demokratische Gesetzgebung und deren Durchführung. Das Gemeinwohl kann nur durch pluralistisch und demokratisch gefaßte Entscheidungen, die ein Plussummenspiel darstellen, verwirklicht werden.

Schließlich ist *die Demokratie eine Regierungsform, in der das Volk für die politischen Erfolge mitverantwortlich ist.* Die ursprünglichen Demokratien, die *poleis* der Antike, waren in ihrem Umfang sehr klein. Aristoteles behauptete, eine Stadtversammlung solle so groß sein, daß sie sich in Hörweite eines Redners versammeln kann. Durch moderne Technik und Telekommunikation ist heute eine *globale* demokratische Ordnung möglich, wenn alle Bürger sich für den Erfolg politischer Maßnahmen mitverantwortlich fühlen. Am Anfang der Schöpfungsgeschichte gelang es Zeus, die Macht zu personifizieren und damit das sinnlose Chaos einzudämmen. Heute steht der *Homo sapiens* vor einem neuen Schöpfungsauftrag. Damit dem sinnlosen Chaos vorgebeugt wird, ist er gefordert, freiwillig auf eigennützige Machtansprüche zu verzichten. In unserer Welt ist nicht mehr die *Freiheit zum Machtstreben*, sondern die *Freiheit vom Machterwerb* höchstes demokratisches Gebot.

Anhang

Die Spieltheorie

In der zweiten Hälfte des 20. Jahrhunderts haben die verschiedenen Wissenschaftsdisziplinen, insbesondere die Soziologie und Psychologie, sich intensiv mit der Frage der objektiven und rationalen Machtteilung und den verschiedenen Arten der Machtausübung auseinandergesetzt.

Spieltheorie ist ein Modell für den Machtausgleich, das in Bereichen der Außen- und Innenpolitik viel Verwendung fand. Anhand dieser Theorie konnte am deutlichsten die Stellung der kausalen Machtkonzeption in der Demokratietheorie dargestellt werden; deshalb wird ihrer Erläuterung in bezug auf eine Theorie der politischen Verantwortung mehr Bedeutung beigemessen. Im Jahre 1928 entwickelte John Neumann die Grundlagen der Spieltheorie auf der Basis des Minimax-Theorems. Der endgültige Durchbruch gelang ihm jedoch im Jahr 1944, als er sein Buch *Theory of Games and Economic Behavior*[1] veröffentlichte. Er wies nach, daß die sozialen und politischen Erscheinungen am besten anhand von Modellen geeigneter strategischer Spiele dargestellt werden können. Diese Spiele sind einer eingehenden mathematischen Analyse zugänglich.

Die Spieltheorie behandelt die Modellsituationen, in denen das Ergebnis »negativ«, »null« oder »positiv« sein kann.[2] Ein Beispiel für Negativsummenspiel ist der Fall eines Nuklearkriegs, in dem alle verlieren. Im Nullsummenspiel werden die Verluste der einen durch die Gewinne der anderen genau ausgeglichen. Ein Spieler gewinnt nur dann, wenn der andere verliert. Da die parlamentarische Demokratie von den Prämissen der Konkurrenz und Machtsummenkonstanz ausgeht – klassische kausale Machttheorie[3] –, erwies sich das Modell des Nullsummenspiels als geeignete Grundlage und wurde von mehreren Wissenschaftlern mittels rational-mathematischer Kalkulationen ausgearbeitet.[4] In demokratischen Wahlen, in Koalitionsverhandlungen und in der Außenpolitik bei kriegerischen Auseinandersetzungen werden die Regeln des Nullsummenspiels häufig verwendet, um politische Interessen durchzusetzen.[5]

Das Spiel kann aber auch ein Positivsummenspiel sein, wie im Falle der Teilnehmer an einem Produktionsprozeß. Ursprünglich war die Spieltheorie als eine

1 Zitiert nach Morton D. Davis, 1972, S. 7.
2 Martin Shubik, 1964, S. 225.
3 Vgl. N. Luhmann, 1969, S. 162.
4 Vgl. James M. Buchanan u. Gordon Tullock, 1971.
5 Vgl. M. Shubik, 1964, S. 225.

Theorie des wirtschaftlichen Verhaltens entwickelt worden. Sie sollte ein wahres Lehrbeispiel menschlicher Handlungen sein, das nicht zu Verlusten und Nullsummenergebnissen führt. Im wirtschaftlichen Bereich kann die Produktion nützlicher Güter einigen Vorteile bringen, ohne daß von anderen etwas weggenommen wird. Ein gesundes und gerechtes Wirtschaftssystem sollte in der Lage sein, allen Teilnehmern entsprechend ihren Leistungen Vorteile zu bringen. Dieses Modell konnte bis jetzt nicht auf den politischen Bereich übertragen werden.

Literaturverzeichnis

Abdu'l-Bahá, Abbás, Ansprachen in Paris 1911. Hofheim-Langenhain 1973.

Alemann, Ulrich v./Erhard Forndran, Methodik der Politikwissenschaft. Eine Einführung in Arbeitstechnik und Forschungspraxis. Stuttgart 1979.

– Organisierte Interessen in der Bundesrepublik. Reflexionen zu ihrer politikwissenschaftlichen Rezeption und politischen Perzeption. In: Ralf Kleinefeld/Wolfgang Luthardt (Hrsg.), Westliche Demokratien und Interessenvermittlung: zur aktuellen Entwicklung nationaler Parteien- und Verbändesysteme. Marburg 1993.

– Politikbegriffe. In: Dieter Nohlen (Hrsg.), Wörterbuch Staat und Politik. Bonn 1991. S. 409–493.

Almond, Gabriel A., The American People and Foreign Policy. New York 1950.

Almond, Gabriel/Sidney Verba (Hrsg.), The Civic Culture. Princeton 1963.

Apel, Hans, Die deformierte Demokratie. Parteienherrschaft in Deutschland. Stuttgart 1991.

Aristoteles, Politik. München 1986.

Arnim, Hans Herbert v., Staat ohne Diener. Was schert die Politiker das Wohl des Volkes? München 1993.

Backes, Uwe/Eckhard Jesse, Politischer Extremismus in der Bundesrepublik Deutschland. Bonn 1989.

– Neue Linke und Neue Rechte – Ein Vergleich. In: U. Backes/E. Jesse (Hrsg.), Jahrbuch Extremismus & Demokratie. Bonn 5. Jahrgang 1993. S. 7–28.

Baha'i-Wahlen. Eine Textsammlung der Forschungsabteilung des Universalen Hauses der Gerechtigkeit über Heiligkeit und Wesensart der Bahá'-i-Wahlen. Hofheim-Langenhain 1990.

Bahá'u'lláh, Ährenlese. Eine Auswahl aus den Schriften Bahá'u'lláhs. 3., rev. Aufl. Hofheim-Langenhain 1980.

Beck, Ulrich, Risikogesellschaft. Auf dem Weg in eine andere Moderne. Frankfurt/M. 1986.

– Die Erfindung des Politischen. Zu einer Theorie reflexiver Modernisierung. Frankfurt/M. 1993.

Becker, Werner, Die Freiheit, die wir meinen. Entscheidung für die liberale Demokratie. München 1982.

Bendix, Rainhard, Max Weber: an Intellectual Portrait. New York 1959.

Bennis, Warren G., Changing Organizations: Essays on the Development and Evolution of Human Organization. New York 1966.

Berg-Schlosser, Dirk, Entscheidung der politischen Kultur in der Bundesrepublik Deutschland. In: Aus Politik und Zeitgeschichte. Beilage zur Wochenzeitung Das Parlament, B 7/90. S. 30–46.

Berg-Schlosser, Dirk/Herbert Maier/Theo Stammen, Einführung in die Politikwissenschaft. München 1984.

Beyme, Klaus von, Die politischen Theorien der Gegenwart. München 1986.

Buchanan, James M./Gordon Tullock, The calculus of consent: Logical Foundations of constitutional Democracy. Michigan 1971.

Crozier, Michael J./Samuel P. Huntington/Joji Watanuki, The Crisis of Democracy. Report on the Governability of Democracies to the Trilateral Commission. New York 1975.

Dahl, Robert A. Democracy and its Critics. New Haven/London 1989.

– Vorstufen zur Demokratie-Theorie. Tübingen 1976.

Davis, Morton D., Spieltheorie für Nichtmathematiker, München 1972.

Dietze, Gottfried, Amerikanische Demokratie. Wesen des praktischen Liberalismus. München 1988.

Döbert, Rainer, Männliche Moral – weibliche Moral. In: Gertrud Nunner-Winkler (Hrsg.), Weibliche Moral. Die Kontroverse um eine geschlechtsspezifische Ethik. Frankfurt/M. 1991. S. 121–146.

Ebbighausen, Rolf, Skandal und Krise. Zur wachsenden »Legitimationsempfindlichkeit« staatlicher Politik. In: Rolf Ebbighausen/Sighard Neckel (Hrsg.), Anatomie des politischen Skandals. Frankfurt/M. 1989. S. 171–200.

Eder, Klaus, Die Entstehung staatlich organisierter Gesellschaften. Ein Beitrag zu einer Theorie sozialer Evolution. Frankfurt/M. 1976.

Eichhorn, Wolfgang, Modelle und Theorien in den Wirtschaftswissenschaften. In: J. Kromphardt/P. Clever/H. Klippert (Hrsg.), Methoden der Wirtschafts- und Sozialwissenschaften. Wiesbaden 1971. S. 60–102.

Eisfeld, Rainer, Art. Pluralismus/Pluralismustheorie. In: Dieter Nohlen (Hrsg.), Wörterbuch Staat und Politik. Bonn 1991. S. 485–490.

Eppler, Erhard, Republik in der Bewährung: Risikogesellschaft als Herausforderung der Politik. In: Ulrich Beck (Hrsg.), Politik in der Risikogesellschaft. Essays und Analysen. Frankfurt/M. 1991.

Esslemont, J.E., Baha'u'llah und das neue Zeitalter. Hofheim-Langenhain 1986.

Euchner, Walter, Locke. In: Hans Maier u. a. (Hrsg.), Klassiker des politischen Denkens. München 1968, Bd. II. S. 1–26.

Fijalkowski, Jürgen, Wandlungen in der gesellschaftlichen Interessenstruktur. In: Ralf Kleinfeld/Wolfgang Luthardt, Westliche Demokratien und Interessenvermittlung: zur aktuellen Entwicklung nationaler Parteien und Verbändesysteme. Marburg 1993. S. 76–90.

Follett, Mary Parker, Dynamic Administration: The Collected Papers of Mary Parker Follett, hrsg. v. Henry C. Metcalf/L. Urwick, New York 1940.

Fraenkel, Ernst, Deutschland und die westlichen Demokratien. Frankfurt/M. 1991.

Freiheit und Ordnung. Eine Botschaft des Universalen Hauses der Gerechtig-

keit an die Baha'i der Vereinigten Staaten von Amerika. Hofheim-Langenhain 1989.
Freyer, Hans, Einführung. In: Niccolo Machiavelli, Der Fürst. Stuttgart 1961. S. 3–32.
Habermas, Jürgen, Drei normative Modelle der Demokratie: Zum Begriff deliberativer Politik. In: Herfried Münkler (Hrsg.), Die Chancen der Freiheit. Grundprobleme der Demokratie. München 1992/a.
– Faktizität und Geltung. Beiträge zur Diskurstheorie des Rechts und des demokratischen Rechtsstaates. Frankfurt/M. 1992/b.
Hättich, Manfred, Begriff und Formen der Demokratie. Mainz/München 1991.
Hegel, Georg W. F., Gesammelte Werke. Bd. 9, Phänomenologie des Geistes. Hrsg. v. W. Bonsiepen u. R. Heede. Frankfurt/M. 1980.
Hennis, Wilhelm, Richtlinienkompetenz und Regierungstechnik. Tübingen 1964.
Hesiod, Sämtliche Gedichte. Stuttgart 1970.
Hobbes, Thomas, Leviathan oder Stoff, Form und Gewalt eines kirchlichen und bürgerlichen Staates. Hrsg. v. Iring Fetscher. Neuwied/Berlin 1984.
– English Works. Elements of Philosophy. Vol. I, London 1966.
Hübinger, Gangolf, Liberalismus und Individualismus im deutschen Bürgertum. In: Zeitschrift für Politik, 40. Jg. 1/1993.
Institut für Demoskopie, Demokratie-Verankerung in der Bundesrepublik Deutschland. Allensbach 1979.
James, William, Das pluralistische Universum. Leipzig 1914.
Jesse, Eckhard/Uwe Backes, Politischer Extremismus in der Bundesrepublik Deutschland. Bonn 1989.
– Neue Linke und Neue Rechte – Ein Vergleich. In: U. Backes/E. Jesse (Hrsg.), Jahrbuch Extremismus & Demokratie. Bonn 5. Jahrgang 1993. S. 7–28.
Jonas, Hans, Das Prinzip Verantwortung. Versuch einer Ethik für die technologische Zivilisation. Frankfurt/M. 1984.
King, Alexander/Bertrand Schneider, Club of Rome, Die erste Globale Revolution. Bericht zur Lage der Welt zwanzig Jahre nach »Die Grenzen des Wachstums«. Frankfurt/M. 1992.
King, Alexander/Bertrand Schneider, Die globale Revolution, Bericht des Club of Rome 1991. Spiegel Spezial, Nr. 2/1991.
Lehmbruch, Gerhard, Proporzdemokratie. Politisches System und politische Kultur in der Schweiz und Österreich. Tübingen 1967.
Lenk, Kurt, Methodenfragen der politischen Theorie. In: Hans-Joachim Lieber (Hrsg.), Politische Theorien von der Antike bis zur Gegenwart. Bonn 1991. S. 991–1016.
– Probleme der Demokratie. In: Hans-Joachim Lieber (Hrsg.), Politische Theorien von der Antike bis zur Gegenwart. Bonn 1991. S. 993–989.
Locke, John, Über die Regierung (The Second Treatise of Government). Stuttgart 1974.
Luhmann, Niklas, Macht. Stuttgart 1975.
Luhmann, Niklas, Klassische Theorie der Macht. Kritik ihrer Prämissen. In: Zeitschrift für Politik 16 (1962). S. 149–170.

Machiavelli, Niccolo, Sämtliche Werke. Hrsg. von Johannes Ziegler. Karlsruhe 1832. Bd. 4.
Machiavelli, Niccolo, Der Fürst. Stuttgart 1961.
Maier, Hans, Hobbes. In: Hans Maier u. a. (Hrsg.), Klassiker des politischen Denkens. München 1968, Bd. I. S. 351–376.
Markovits, Andrei S./Mark Silverstein, Macht und Verfahren. Die Geburt des politischen Skandals aus der Widersprüchlichkeit liberaler Demokratien. In: Rolf Ebbighausen/Sighard Neckel (Hrsg.), Anatomie des politischen Skandals. Frankfurt/M. 1989. S. 151–170.
Montesquieu, Vom Geist der Gesetze. Stuttgart 1975.
Münkler, Herfried, Im Namen des Staates. Die Begründung der Staatsraison in der Frühen Neuzeit. Frankfurt/M. 1987.
– Politische Tugend. Bedarf die Demokratie einer sozio-moralischen Grundlegung? In: Drs. (Hrsg.), Die Chancen der Freiheit. Grundprobleme der Demokratie. München 1992. S. 25–46.
Murswieck, Axel, Die Bundesrepublik Deutschland – Kanzlerdemokratie, Koordinationsdemokratie oder was sonst? In: Hans-Hermann Hartwich/Göttrik Wewer (Hrsg.), Regieren in der Bundesrepublik I. Konzeptionelle Grundlagen und Perspektiven der Forschung. Opladen 1990. S. 151–169.
Neckel, Sighard, Die Wirkungen politischer Skandale. In: Aus Politik und Zeitgeschichte. Beilage zur Wochenzeitung Das Parlament, B 7/90.
Niclauß, Karlheinz, Kanzlerdemokratie – Bonner Regierungspraxis von Konrad Adenauer bis Helmut Kohl. In: Hans-Hermann Hartwich/Göttrik Wewer (Hrsg.), Regieren in der Bundesrepublik I. Konzeptionelle Grundlagen und Perspektiven der Forschung. Opladen 1990. S. 133–143.
Noack, Paul, Korruption, Die andere Seite der Macht. München 1985.
Plato, Platos Staat. 3. Auflage, Leipzig 1907.
Roth, Roland, Eine korrupte Republik? Konturen politischer Korruption in der Bundesrepublik. In: Rolf Ebbighausen/Sighard Neckel (Hrsg.), Anatomie des politischen Skandals. Frankfurt/M. 1989. S. 201–233.
Sarcinelli, Ulrich, Auf dem Weg in eine kommunikative Demokratie? Demokratische Streitkultur als Element politischer Kultur. In: Ulrich Sarcinelli (Hrsg.), Demokratische Streitkultur. Theoretische Grundpositionen und Handlungsalternativen in Politikfeldern. Bonn 1990. S. 29–51.
Schaefer, Udo, Der Baha'i in der modernen Welt, Strukturen eines neuen Glaubens. Hofheim-Langenhain 1981.
– Religion im Zeitalter der Einheit der Menschheit. Die Grundlagen der Baha'i Religion. In: Weltfriede ist nicht nur möglich, sondern unausweichlich, eine Botschaft an die Völker der Welt. Rosenheim 1990. S. 51–58.
– Die Freiheit und ihre Schranken. Hofheim-Langenhain 1994.
Scheuch, Erwin K. und Ute, Cliquen, Klüngel und Karrieren. Über den Verfall der politischen Parteien – eine Studie. Hamburg 1993.
Schiller, Theo, Pluralismus. In: Axel Görlitz/Rainer Prätorius (Hrsg.), Handbuch Politikwissenschaft. Grundlagen – Forschungsstand – Perspektiven. Reinbek/Hamburg 1987. S. 386–393.
Schissler, Jakob/Christian Tuschhoff, Kognitive Schemata: Zur Bedeutung

neuerer sozialpsychologischer Forschungen für die Politikwissenschaft. In: Aus Politik und Zeitgeschichte. Beilage zur Wochenzeitung Das Parlament, B 52–53/88. S. 3–13.

Schmitt, Carl, Politische Theologie. Vier Kapitel zur Lehre von der Souveränität. Berlin 1979.

– Donoso Cortès in gesamteuropäischer Interpretation. Vier Aufsätze. Köln 1950.

Schönbohm, Wulf, Parteifreunde. Ein Roman aus der Provinz. Düsseldorf 1990.

Schumpeter, Joseph A., Kapitalismus, Sozialismus und Demokratie. München 1980.

– Business Cycles. A Theoretical Historical and Statistical Analysis of the Capitalist Process. 2 Bde., New York 1939.

Schwarz, Theodor, Denker der Politik. Zürich 1940.

Shell, Kurt L., Demokratie. In: Axel Görlitz/Rainer Prätorius (Hrsg.), Handbuch Politikwissenschaft. Grundlagen – Forschungsstand – Perspektiven. Reinbek/Hamburg 1987. S. 42–48.

Shoghi, Effendi, Die Weltordnung Baha'u'llahs. Briefe von Shoghi Effendi 1929–1936. Hofheim-Langenhain 1977.

– Die Baha'i Verwaltungsordnung. Bern 1959.

Shubik, Martin, Spieltheorie und Sozialwissenschaften. Hamburg 1964.

Simon, Herbert A., Models of Man, Social and Rational: Mathematical Essays on Rational Human Behavior in a Social Setting. New York/London 1957.

Smith, Adam, Der Wohlstand der Nation, eine Untersuchung seiner Natur und seiner Ursachen. München 1974.

Sombart, Nicolaus, Die Deutschen Männer und ihre Feinde. Carl Schmitt. Ein deutsches Schicksal zwischen Männerbund und Matriarchatsmythos. München 1991.

Taylor, Frederick Winslow, Die Grundsätze wissenschaftlicher Betriebsführung. München/Berlin 1913.

Thurnwald, Richard, Werden, Wandel und Gestaltung der Staat und Kultur. Berlin/Leipzig 1935.

United Nations Institute for Namibia, Comparative Electoral Systems & Political Consequences: Options for Namibia. London 1989.

Vroom, Victor H., Some Personality Determinants of Participation. Englewood Cliffs, New Jersey, Prentice Hall, 1960.

Walker, Penelope Graham, Beratung: Schlüssel zu kreativem Entscheiden. Hofheim-Langenhain 1982.

Wasser, Hartmut, Parteien und Verbände. In: Grundlagen unserer Demokratie. Diskussionsbeiträge zur politischen Didaktik. Bundeszentrale für politische Bildung. Bonn 1988.

Weber, Max, Wirtschaft und Gesellschaft. Grundriß der verstehenden Soziologie. Tübingen 1972.

– Gesammelte politische Schriften. Tübingen 1971.

– Staatssoziologie. Berlin 1966.

– Politik als Beruf. Berlin 1968.

Weizsäcker, Richard v. im Gespräch mit Gunter Hofmann und Werner A. Perger. Frankfurt/M. 1992.
Wewer, Göttrik, Richtlinienkompetenz und Koalitionsregierung: Wo wird die Politik definiert? In: Hartwich/Wewer (Hrsg.), Regieren in der Bundesrepublik 1. Konzeptionelle Grundlagen und Perspektiven der Forschung. Opladen 1990. S. 145–150.
Wiesendahl, Elmar, Etablierte Parteien im Abseits? Die Volksparteien der Bundesrepublik vor den Herausforderungen der neuen sozialen Bewegungen in der Diskussion, Darmstadt 1989.

ZeitSchriften

Jacques Derrida
Marx' Gespenster
Band 12380

Alexander Garcia Düttmann
Uneins mit Aids
Wie über einen Virus nachgedacht und geredet wird
Band 11577

George P. Fletcher
Loyalität
Über die Moral von Beziehungen
Band 11953

Geneviève Fraisse
Geschlecht und Moderne
Archäologien der Gleichberechtigung
Band 12616

Herausgegeben von G. Frankenberg
Auf der Suche nach der gerechten Gesellschaft
Band 12035

Anthony Giddens
Wandel der Intimität
Sexualität, Liebe und Erotik in modernen Gesellschaften
Band 11833

Herausgegeben von Anselm Haverkamp
Die Sprache des Anderen
Band 12783

Axel Honneth
Desintegration
Bruchstücke einer soziologischen Zeitdiagnose
Band 12347

Lynn Hunt (Hg.)
Die Erfindung der Pornographie
Obszönität und die Ursprünge der Moderne
Band 12479

Gertrud Koch (Hg.)
Auge und Affekt
Wahrnehmung und Interaktion
Band 12671

Gesa Lindemann
Das paradoxe Geschlecht
Transsexualität im Spannungsfeld von Körper, Leib und Gefühl
Band 11734

Catharine A. MacKinnon
Nur Worte
Band 12478

Fischer Taschenbuch Verlag

fi 1401 / 6 b

ZeitSchriften

Herausgegeben von
H. Nagl-Docekal/
H. Pauer-Studer
Jenseits der Geschlechtermoral
Beiträge zur feministischen Ethik
Band 11630

Sighard Neckel
Die Macht der Unterscheidung
Beutezüge durch den modernen Alltag
Band 11730

Harry Nutt
Chance und Glück
Erkundungen zum Glückspiel in Deutschland
Band 12390

Herausgegeben von
Gabriele Rippl
Unbeschreiblich weiblich
Zur feministischen Anthropologie
Band 11797

Avital Ronell
Drogenkriege
Band 12060

Thomas Schuster
Staat und Medien
Über die elektronische Konditionierung der Wirklichkeit
Band 12594

(Hg.) Cathy Schwichtenberg
Madonna-Connection
Repräsentation, subkulturelle Identitäten und Kulturtheorie
Band 12398

Richard Shusterman
Kunst Leben
Die Ästhetik des Pragmatismus
Band 12256

Barbara Vinken
Mode nach der Mode
Kleid und Geist am Ende des 20. Jahrhunderts
Band 11596

L. Weissberg (Hg.)
Weiblichkeit als Maskerade
Band 11850

Fischer Taschenbuch Verlag

fi 1401 / 3 c

Sozialwissenschaften

Eine Auswahl

Peter L. Berger/
Thomas Luckmann
Die gesellschaftliche Konstruktion der Wirklichkeit
Eine Theorie der Wissenssoziologie
Band 6623

Udo Bermbach
Der Wahn des Gesamtkunstwerks
Richard Wagners politisch-ästhetische Utopie
Band 12249

Hans Bosse
Der fremde Mann
Jugend, Männlichkeit, Macht
Eine Ethnoanalyse
Band 11469

Elias Canetti
Masse und Macht
Band 6544

Uwe von Dücker
Die Kinder der Straße
Überleben in Südamerika
Band 11347

René Girard
Ausstoßung und Verfolgung
Eine historische Theorie des Sündenbocks
Band 11090

René Girard
Das Heilige und die Gewalt
Band 10970

Hans-Dieter Gondek/
Peter Widmer (Hg.)
Ethik und Psychoanalyse
Vom kategorischen Imperativ zum Gesetz des Begehrens: Kant und Lacan
Band 12248

Albert O. Hirschman
Denken gegen die Zukunft
Die Rhetorik der Reaktion
Band 12510

(Hg.) Karl Otto Hondrich/
Claudia Koch-Arzberger
Solidarität in der modernen Gesellschaft
Band 11246

Peter Kemper (Hg.)
»Postmoderne« oder Der Kampf um die Zukunft
Die Kontroverse in Wissenschaft, Kunst und Gesellschaft
Band 6638
Macht des Mythos – Ohnmacht der Vernunft?
Band 6643

Fischer Taschenbuch Verlag

fi 860 / 12 a

Philosophie der Gegenwart

Herausgegeben von Patrizia Nanz

Aleida Assmann (Hg.)
Texte und Lektüren
Perspektiven der Literaturwissenschaft. Band 12375
(in Vorbereitung)

Axel Honneth (Hg.)
Pathologien des Sozialen
Die Aufgaben der Sozialphilosophie. Band 12247

Andreas Kuhlmann (Hg.)
Philosophische Ansichten der Kultur der Moderne
Band 12167

Herta Nagl-Docekal
Der Sinn des Historischen
Geschichtsphilosophische Debatten. Band 12776

Claus Offe (Hg.)
Herrschaft des Volkes
Begründungsprobleme moderner Demokratien
Band 12166 (*in Vorbereitung)*

Ulrich K. Preuß (Hg.)
Zum Begriff der Verfassung
Die Ordnung des Politischen. Band 12246

Jürgen Trabant (Hg.)
Sprache denken
Positionen aktueller Sprachphilosophie
Band 12777

Fischer Taschenbuch Verlag

fi 557 / 6